口絵1　国立西洋美術館 外観
生川慶一郎撮影（2022年）

口絵2　国立西洋美術館 レイアウト案 鳥観図（ル・コルビュジエ、1955年冬から翌春ごろ）
ル・コルビュジエ財団蔵 FLC 29937A

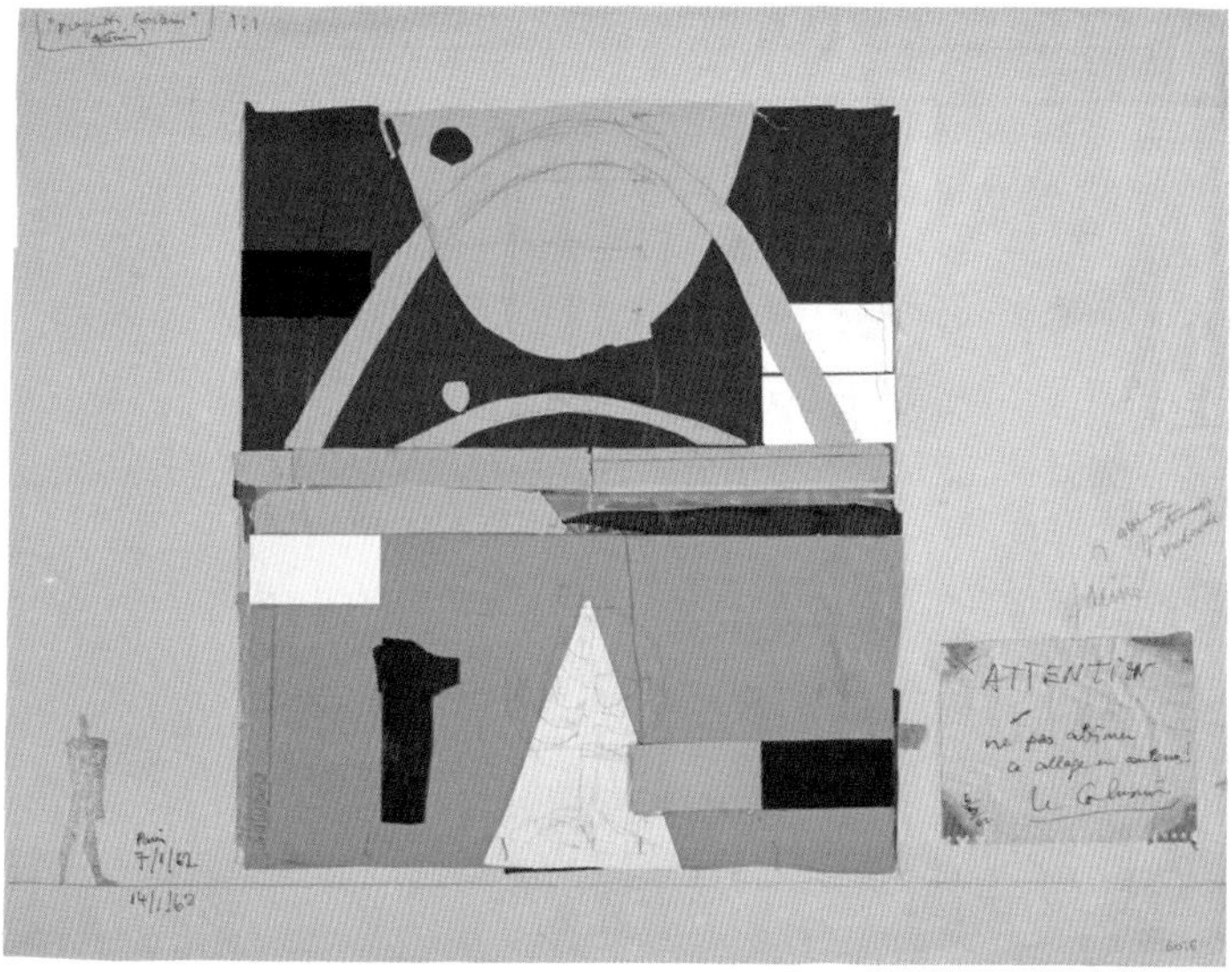

口絵3　チャンディーガル州会議事堂 入口扉図面（ル・コルビュジエ、1962年）
ル・コルビュジエ財団蔵 FLC 06016
上部に夏と冬の太陽軌道が描かれる。

口絵4　ムンダネウム世界博物館 スケッチ（ル・コルビュジエ、1928年）
ル・コルビュジエ財団蔵 FLC 32114

口絵5　19世紀ホール バージョン②（ル・コルビュジエ、1955年冬から翌春ごろ）
ル・コルビュジエ財団蔵 FLC 29937G
国立西洋美術館中央、19世紀 ホールの初期構想。
カラーパネルを背景とした松方コレクションの展示。

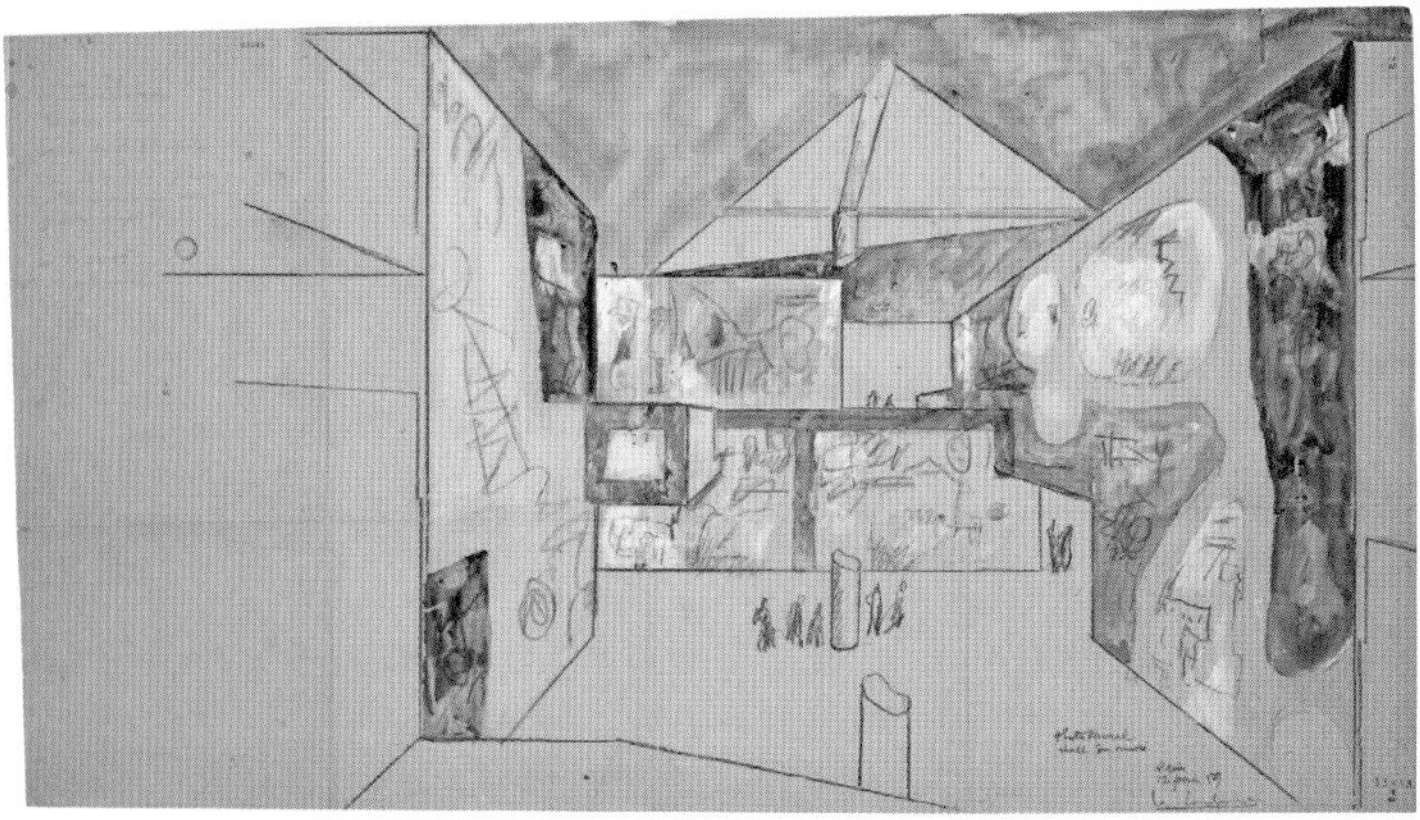

口絵6　19世紀ホール バージョン③（ル・コルビュジエ、1959年2月）
ル・コルビュジエ財団蔵 FLC 33443

口絵7　《牡牛XVIII》（ル・コルビュジエ、油彩・キャンバス、162 x 130 cm、1959年）
大成建設株式会社蔵／国立西洋美術館寄託

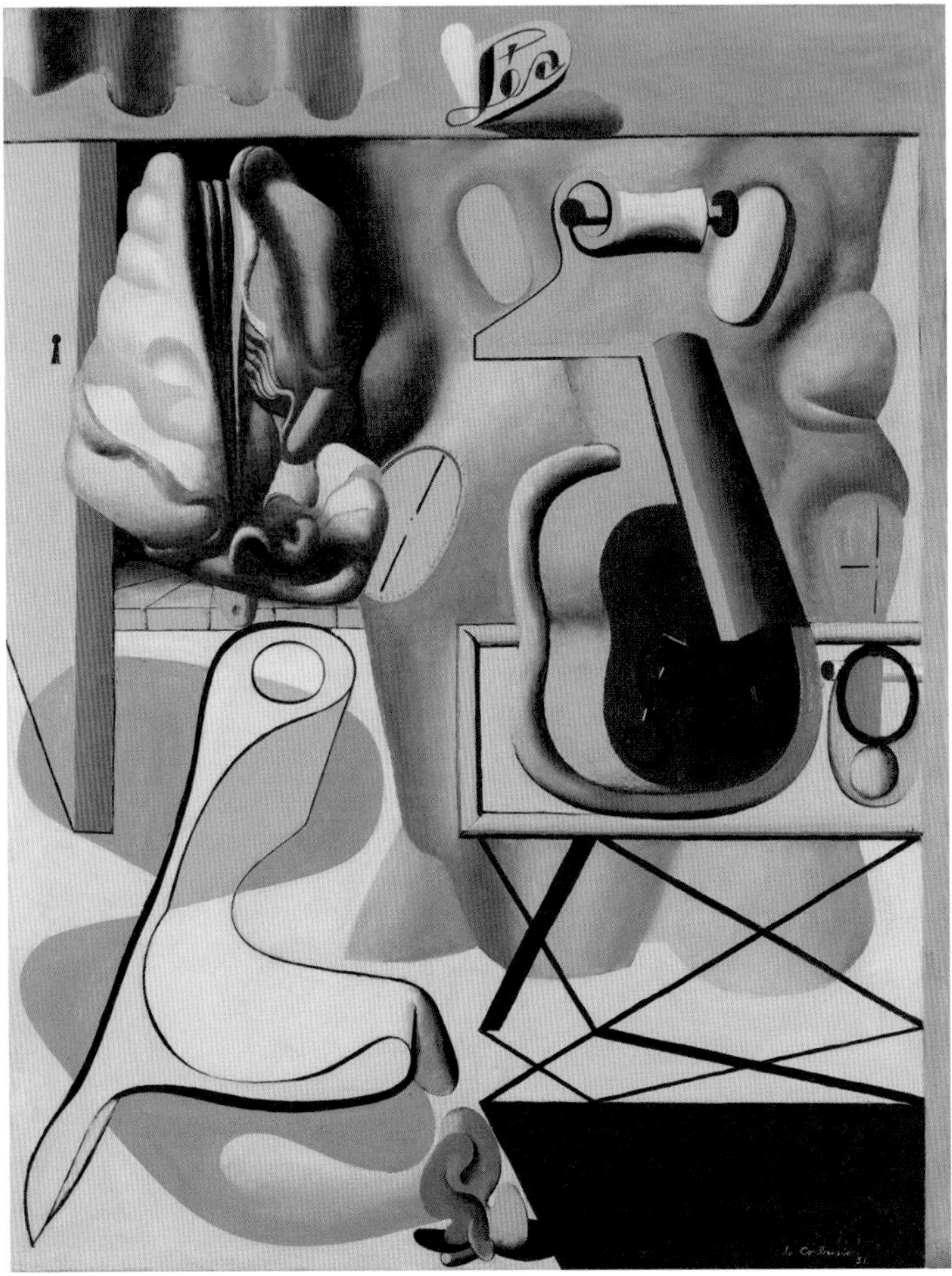

口絵8　《レア》（ル・コルビュジエ、油彩・キャンバス、146 x 114 cm、1931年）
大成建設株式会社蔵／国立西洋美術館寄託

未完の美術館

調和にむかって──ル・コルビュジエの思想と国立西洋美術館

Fragment of a Legacy

Robert Maximilian Woitschützke

ロバート・マクシミリアン・ヴォイチュツケ

江本弘＝監訳

Echelle-1

目次

凡例および注記

1. 人物名に＊が付してある主要登場人物については、巻末に解説があります。
2. 〔 〕内は引用者注、訳者注です。
3. 各プロジェクトで想定されていたプログラムに応じ、museum（musée）は「博物館」と「美術館」に訳し分けています。また、文脈上どちらも含む場合には「博物館（美術館）」（引用部内は「博物館（美術館）」）と表記しています。
4. 前項をふまえ、日本では「無限成長美術館」として知られるル・コルビュジエのアイデアは、本書では「無限成長博物館」に統一しています。
5. 国立西洋美術館については、施設群全体の計画（未実現）を「国立西洋美術館計画」、実現した単体の建物を「国立西洋美術館」と表記しています。
6. 「ムンダネウム」の名のつくいくつかのプロジェクトについては、以下のように訳し分けています。

①世界都市ムンダネウム——P・オトレの1927年都市計画（［FIG 7］）
②ムンダネウム構想——P・オトレの情報ネットワーク構想
③ムンダネウム——①と②を両義的に含むもの
④ムンダネウム世界博物館——ル・コルビュジエによる「世界都市」プロジェクトのなかの博物館（1928〜29年ごろ、［FIG 6］）

世界を説明し、来館者に現実を直視させ、未来に備える

山名善之（東京理科大学教授、建築家／美術史家）

2016年に世界文化遺産に登録された国立西洋美術館は、ル・コルビュジエ後期作品のなかで最も彼の理想を具現化したものであるといえます。〈「人類はやがて善に至る」という美しい思想を表現している〉国立西洋美術館は、〈近代の不毛と非情を克服する、技術と情緒、理性と感性を統合するという思想〉を伝えているからです。本書は、ル・コルビュジエ作品の建築的側面としてだけではなく、ミュージアム（美術館・博物館）のプログラムの観点からも言及していることから、美術館プロトタイプ「無限成長博物館」の実現作品という意味を超えて、ル・コルビュジエの世界観を表出するミュージアムであるという新しい知見を提供しています。この点からも、国立西洋美術館は美術作品を通して西洋の世界を理解する博物館という装置であると言えます。内在する本質的意味を形式との相関において解釈する本書は、近現代建築を対象としたものとしては類い稀なイコノロジー的アプローチをとった建築図像学の良書ともいえるでしょう。

ドイツ人若手美術史家である著者ロバート・ヴォイチュツケによる研究は、フランス、インド、ベルギー、日本それぞれのアーカイブ所蔵のドキュメントを考古学的に果敢に探査し、鉱脈をつかんで実証的分析のうえに考察を重ねることに成功しています。やや重い表現の記述等から、ドイツ的ともいえる勤勉さと仮説に基づいての厳密な作業に裏打ちされた真摯な研究態度が伝わっ

てきます。これには見習うべきものがあります。そして、この全体のかたい文体は、対象であるル・コルビュジエの理想を追い求める頑固なまでの態度と呼応しながら、本書のもうひとつの魅力ともなっています。

著者ロバートのことを知ったのは、彼がボン大学美術史研究所のアン＝マリー・ボネット教授のもとで博士論文「Le Corbusier and the museum of knowledge（ル・コルビュジエと知識博物館）」をまとめる最終段階のことでした。ル・コルビュジエ財団のアルノ・デュセル氏から「インドのニューデリーにおいて、国立西洋美術館の理解を深める資料を見つけたドイツ人若手研究者がコンタクトを取りたがっている」と聞かされたのがきっかけです。その後、博士論文（英語版）が送られてきましたが、今まで語られてこなかったル・コルビュジエのミュージアムに関する考え方の提示が、国立西洋美術館の意義の新たな解釈につながることを予感しながら興味深く読みました。ケルンで会議があった機会を利用してボン大学を訪ね、ボネット教授と共に面会し、彼女がフランス人であったことも手伝ってか、研究室で日が沈むまで時間を忘れて話が弾んだことを昨日のことのように思い出します。国立西洋美術館と東京理科大学山名研究室の客員研究員として継続して研究したいとのことで、国際交流基金のグラントに応募するために、研究計画についても具体的に議論しました。

国立西洋美術館の世界遺産登録のための実質的活動が始動し、その調査が本格化したのは2006年ごろからでした。プロトタイプ「無限成長美術館」の出発点となった「ムンダネウム」が、姿を変えて資料室としてベルギーのモンス市にあることを知り、当時、資料調査に数度訪れました。２００９年に『ムンダネウム』（ル・コルビュジエ＋ポール・オトレ著、山名善之＋桑田光平翻訳、筑摩書房）を出版しましたが、その後、世界遺産登録推進のための雑務に時間が割かれ、調査資料をもとに研究をまとめることができない状況でした。このことと、ポール・オトレとオットー・ノイラートが、親交があったことをロバートに伝え、来日前に必ずモンスの「ムンダネウム」において資料調査をするようにとお願いをしました。

幸運にも国際交流基金の japonisme 2018 commémorative fellowship を得たロバートは２０２０年3月に来日し研究に入りますが、残念ながらＣＯＶＩＤ-19が蔓延するなかで人的交流も制限され、厳しい生活を強いられることになったかと思われます。しかし、その分、国立西洋美術館の情報資料室に保管されている外交文書である寺中資料等にも十分に目を通し、研究に集中できたことが本書から推察できます。

インドのガンジー記念館のための考えでもある「世界を説明し、来館者に現実を直視させ、未来に備える」とするル・コルビュジエのミュージアムの思想は、国立西洋美術館においても実現しています。この発想の起源はおそらく、ムンダネウムを構想していたポール・オトレらとの交流にあるものと思われますが、ユネスコの原型を第一次世界大戦前後から探っていたポール・オトレらの思想が、国立西洋美術館がユネスコの世界文化遺産に登録されたことにより、結実したともいえるかと思います。本書は、そのような一世紀以上にも及ぶ賢人たちの理想を掘り起こしてくれました。

はじめに

建築を学ぶ日本学生に「史上最高の建築家は誰か」と尋ねたら、その多くが「ル・コルビュジエ[*1]だ」と答えるのではないでしょうか。日本ではとくに、このフランスの巨匠は間違いなく絶大な人気を誇り、ほぼ神話的権威とさえいえるほどの扱いを受けています。「ル・コルビュジエ好き」は、この国では常識のようなのです。

ル・コルビュジエと日本の交流がむしろ表面的だったことを知ると、この「コルビュジエ好き」は一層興味深いものとなります。彼は旅行好きでしたが、来日したのは1955年の一度きり、その滞在期間も2、3日でした。いつもならばスケッチブックにほとばしるようにメモを書き残すのに、日本で描き残したのは「悪くない《パ・マル》」という所見を添えた奈良の寺の乱雑なスケッチや、筆の乗らない京都の街並みばかり。日本での見聞に対する、ある種の無関心を見てとることができます。驚くことに、桂離宮すら印象に残らなかったようです。インドの空の輝きを愛で、州都チャンディーガルを巨大コンクリート建築で飾ったル・コルビュジエは、一方で、洗練された礼儀作法の頂点であり、隠れた枠への理解が求められるこの日本建築には魅力を感じなかったようなのです。

またル・コルビュジエは、ブルーノ・タウトやヴァルター・グロピウスらとは異なり、日本国内の議論に積極的に参加することもありませんでした。1933年に初来日したタウトが、伊勢神宮とともに桂離宮を「皇室の伝統」の顕現であると解釈したのは有名な話です。それが、桂離宮を手本とする日本のモダニストたちの、「我々の美学は日本の伝統芸術に根ざしたものである」とする説の正当化に貢献したのです。そうして戦後、グロピウスと丹下健三が再び桂離宮を取り上げます。彼らはこの名高い宮殿を西洋モダニズムの先駆けと呼び、同世代の建築家にも影響を与えました[1]。一方でル・コルビュジエは、日本の建築界にそのような痕跡は残していません。確かにル・コルビュジエの理論の影響は、1920年代の東京にもすでに存在していました。ただ、彼自身は生涯を通じ、作品のなかでとくに「日本の問題」を扱ったことはありません。だとすると、なぜ日本において、ル・コルビュジエに対してこれほどまでに強い崇拝の念が抱かれているのか、不思議に思う方もいるでしょう。

それにはいくつかの理由が考えられます。まず、ル・コルビュジエの弟子である前川國男、坂倉準三、吉阪隆正の3人が祖国日本で建築家として名を成し、ル・コルビュジエの思想の普及に一役買ったことが挙げられます。第二に、日本で唯一実現したル・コルビュジエ作品である国立西洋美術館［口絵1］が、日本戦後史と日本の国民感情に深く関わり、戦後の日本台頭の象徴となったことです。そして第三の理由として挙げられるのが、（少なくとも外国人である私の目から見て、）他の多くのモダニストとは対照的な、人と機械、人と自然、人と空間など、生活のあらゆる面の調和を重んじた世界観が、日本の風土に合っていたことでしょう。ル・コルビュジエは、物事を対立的に考えるのではなく、物事の統合をめざす人間でした。彼は、包括的な態度をもって芸術と人生に向き合いました。とくに円熟期は、今日ではモダニズムと関連づけられることの多い、冷たい合理主義の対極にありました。

本書では、ル・コルビュジエの「調和」観について、また、彼が国立西洋美術館で追い求めた調和について論じます。国立西洋美術館の建築やその収蔵品、あるいは前川、坂倉、吉阪との関係を扱った著作はこれまで多く出版されてきました。ところが、この国立西洋美術館建設プロジェクトの理想の深み、いわば隠された意味まで掘り下げた著者はまだほとんどいませんでした。しかしこのプロジェクトの根底には、ル・コルビュジエの成功と失望、ユートピア思想が流れています。このプロジェクトは、そのユートピア思想を実現するための彼の苦悩の物語であり、人間社会にとっての芸術の価値を求める物語だったのです。

1 丹下健三、石元泰博、ワルター・グロピウス『桂日本建築における伝統と創造』(造型社、1960年)など。

第1章

プロトタイプ

国立西洋美術館計画の発端――パリ会合

今考えると、松方コレクションを土台として1959年に開館した国立西洋美術館は、文化外交の模範例といえるでしょう。しかし、その誕生は決して生易しいものではありませんでした。日仏両国は、コレクションの返還と新美術館の設立という最終目標で一致していながらも、時間ばかりかかる退屈な話し合いや、見込み違いや行き違いに悩まされました。その結果、このプロジェクトが実現するまでには、双方の予想をはるかに超える10年近い歳月が費やされることとなったのです。

第二次世界大戦末期、フランスに保管されていた、実業家・松方幸次郎[*2]の美術コレクションが敵国財産としてフランス政府に接収されました。日仏両国はこの問題を認識していましたが、その後1951年にサンフランシスコ平和条約が結ばれ、日本が国際社会に全面復帰するまではなす術がありませんでした。接収されたコレクションの返還について初めて話し合われたのは、同年に行われた、吉田茂首相とロベール・シューマン仏外相の会談の席でした。しかし、返還が決定されたのはようやく1953年春のことでした。その後ただちに、文部省の指導の下で収容の手筈が整えられました。

1953年9月、在日フランス大使館員シャルル・ル・ジェニッセルは、松方コレクションに関する最新の動向のあらましを、仏外相宛ての書簡のなかで次のように報告しています。

「現時点において、私の知る限りでは、次の4つの案が検討されているようです。第1案は、現在では閉鎖され、民間の第三者が占有している旧海洋博物館の活用を検討する案。第2案は、上野にある東京藝術大学周辺に専用の建物を設計・建設する案。第3案は、新しい建物が完成するまで東京国立博物館の使われていない棟に一時的にコレクションを収蔵するという案。その他にも、日仏会館が、新美術館建設のためにその敷地の一部を使用してもよいと申し出ています。[2]」

このジェニッセルの書簡で紹介されているのは目立ったごく一部の案だけです。松方コレクション問題を担当した文部省主導により、1953年から55年にかけて話し合われた新美術館に関する議論は煩雑を極めました。日仏の利害を調整するために、フランス博物館・美術館総局長のジョルジュ・サール[*3]も交渉に当たらなければなりませんでした。さまざまなシナリオが検討されました。東京国立博物館の表慶館に収蔵する構想がもち上がったこともあれば、文部省が独自に美術館の設計を開始したこともありました（その図面の何枚かが、国立西洋美術館研究資料センターに残されています）［FIG 1］。

この点については、これ以上詮索しないでおきましょう。とにかく1954年初頭までは、新美術館設計の問題はほとんど日本国内の問題にとどまっていたということです。ところが、あるとき状況が一変します。外国人建築家案が検討され始めたのです。その最初の兆しは、いわゆ

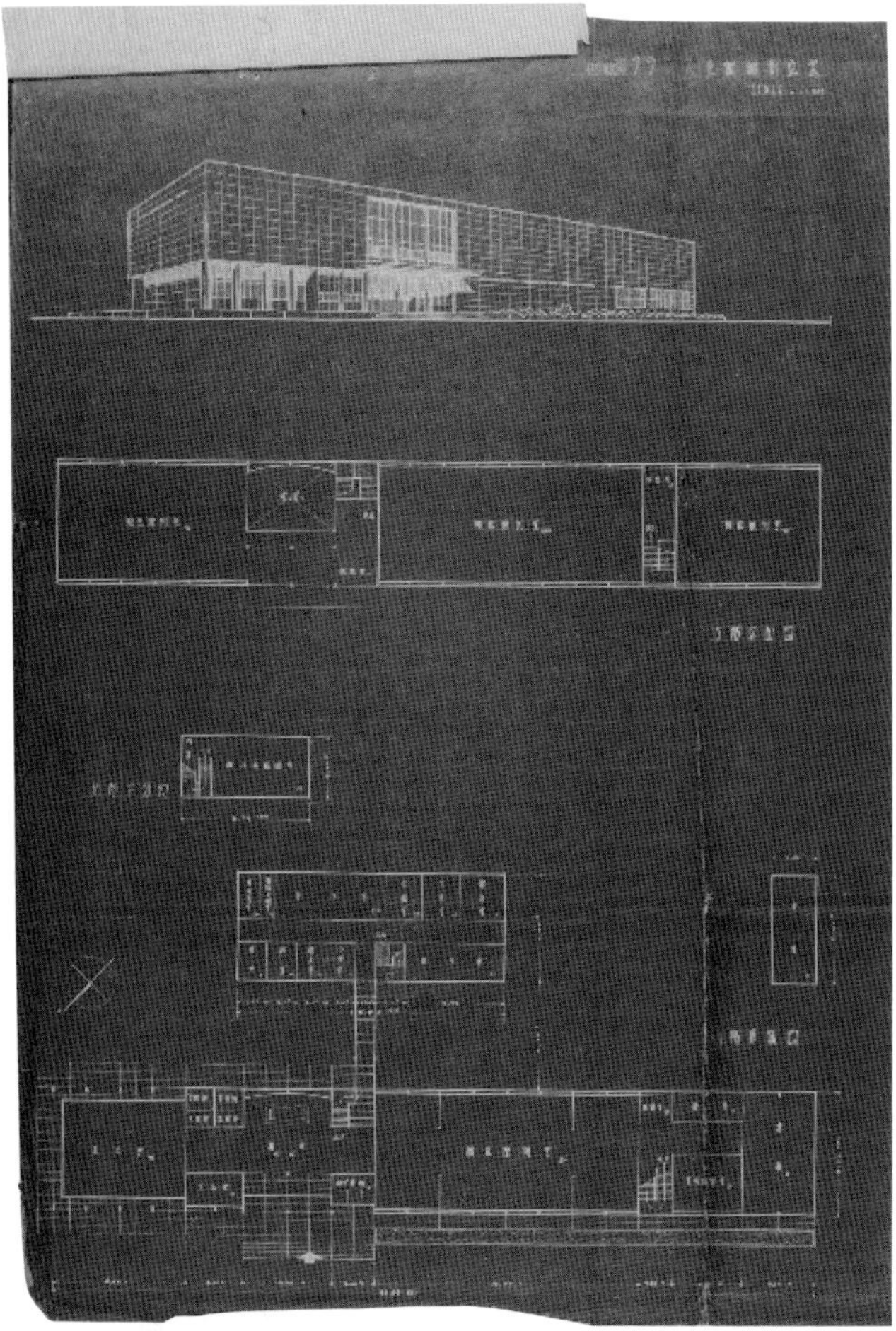

FIG 1　文部省建築局設計案（1954年春ごろ）

国立西洋美術館研究資料センター蔵 FYO_1_0125s

文部省建築局による初期「フランス美術館」の設計図（匿名）。ル・コルビュジエに設計が委託される以前の計画だが、この時点ですでに、彼が設計することとなる国立西洋美術館との類似がみられる。神奈川県立近代美術館（現・鎌倉文華館鶴岡ミュージアム、坂倉準三、1951年）の影響か。

る準備委員会（文部省の指導の下、民間からの資金集めを担当する団体）のメモに見つかります。1954年3月の準備委員会の報告に、「美術館の設計は、可能であればフランスの建築家と協力して行うこと」とあるのがそれです。[3]

この準備委員会には、松方家の関係者や、のちに国立西洋美術館の初代館長となる富永惣一、また、サールの友人で、アメリカの美術史家バーナード・ベレンソンの弟子でもあった矢代幸雄といった、そうそうたる文化人も名を連ねていました。この準備委員会が陰でかなりの影響力を発揮したことは明白です。そうして、吉田首相が美術館に積極的に関わるようになったのもこの時期でした。奥村勝蔵外務事務次官による次の内部メモからも、首相がこの件に関心を抱いていることがわかります。

「二九、三、十、（昭和29年3月10日）
フランス近代美術館の件
二九、三、九、（昭和29年3月9日）　総理に御目にかゝつた際、フランス近代美術館新築の為、その設計は、近く在京フランス大使館新築の為来朝する建築家《アーキテクト》（ル・コルブジエの弟子）に依頼すること可能との御話があつた。[4]」

松方コレクションに関連してル・コルビュジエの名前が出てきたのは、この奥村のメモが最初です。さらにこのメモには、外務省の担当者が首相の参考のために書いたと思われる、日本語で書かれたル・コルビュジエの詳細な履歴書が添えられていました。

　首相が突然乗り出してきたということは、この美術館計画が日仏間の問題であるだけでなく、日本政府という組織そのものの内部の問題でもあったとも考えられます。吉田は政府のトップであり、文部省がすでに承認している計画を覆すことができる唯一の人物でした。吉田はとうとう、自分の権限を行使する覚悟を決めたのでしょう。そして数週間後の1954年4月、連絡を受けたル・コルビュジエは美術館の設計依頼を受託しました。最終的にいかなる経緯でル・コルビュジエが選ばれたのかは不明ですが、彼の弟子で、政府関係者に顔がきく大御所・前川國男が、外務省との話し合いで最終的な推進役を買って出たと思われます。ただし、交渉当初のル・コルビュジエの反応は、この申し出に対してどちらかというと懐疑的でした。それは、インドなどの遠方の大型プロジェクトにおいて、とくに金銭面で失望することが多かったためです。しかし前川の説得により、ル・コルビュジエは、この新しい依頼の可能性をすぐに理解したようです。1955年11月にはじめて東京を訪れたル・コルビュジエには、当時、美術館の建設経験はインドのアーメダバードしかなかったのです。

　来日からわずか4ヵ月後の1956年春、ル・コルビュジエはパリにいた駐仏日本大使館参事官の寺中作雄[*4]をアトリエに招き、松方コレクションに対する自身の考えを語りました。ル・コルビュジエの頭脳は休むことを知りません。彼はこのときすでに、新しい美術館の第一案を考え出していたのです。幸運にも、寺中はこの面談のメモを残していました。ここから私たちは、プロジェクトの最初期段階を垣間見ることができます。以下に全文を引用します。まるで、ル・コルビュジエがアトリエを歩き回りながら、明晰かつ謎めいた、独特の語り口で喋っている姿が目に浮かぶようです。

「客年十月十九日設計契約を締結した松方コレクション美術館設計受託者ル・コルビュジエの設計業務進捗状況聴取のため、三月十三日本官ル・コルビュジエ氏と面会したところ、コ氏は、既に大半でき上つている美術館設計素案を示して大要左の如く語り、非常に元気に仕事を続けている様子であつた。

状況取敢えず左のとおり報告する。

記

設計の素案は既に殆んどでき上つている。これから述べる自分の設計案についての考え方をルーブル美術舘長〔ママ〕サール氏に話したところ全面的にその賛成を得た。自分は松方コレクションの目録を見せて貰い、仔細に検討したが、正直のところ、松方コレクションには直に美術的価値の高い傑作と単に流行を追つただけの凡作とが混り合つているように思う。自分は単に松方コレクションのための美術舘でなく現代泰西美術舘というようなものにしたいと考えている。又この美術舘は過去の美術を代表する美術舘というよりは、むしろ将来の美術に貢献するようなものにしたいと考えている。

十八〔ママ〕世紀の美術は印象派によつて代表されるが、この印象派時代には建築方面においても大発展を遂げ、その後反動派によつて自由な発展が止められた。美術においては日本の　浮世　絵　によつて大きな影響を受けた時代がある。一九〇〇年頃に一つの新しい建築様式が生れ、又リトグラフ、書籍の装幀、装身具、室内装飾等に新しい傾向が生れている。その後印象派は凋落しキユービズムが生れピカソやブラツクによる美術界の大革命がもたらされた。自分はキユービズムを遵奉するものであつて、これによつて建築界に新機軸をもたらしたいと考えている。すなわち或る審美的なるものと機械的なるものとを結合して綜合的な建築美を出したいと考えている。この傾向はいわば世界的な一つの潮流であつてドイツにもオランダにもイタリーにもその考え方が現われている。

松方コレクシヨンは過去の色々な時代を代表するものから成り、その内容は様々である。又前にも述べたように、玉石混淆であるから、これを展示する場合には常にその全部を展示することなく、一般の観覧者には良いものだけを公開して見せ、又専門の美術研究者には悪いものも参考として見せるようにするのが良いと思う。故に美術舘には収納室を設けて美術品の書棚をしつらえ、常時展覧しないものをここに収納して図書館の運営のように見たい人だけに見せるという風にするのがよいと思う。又作品の展示は歴史的な線に沿つて排列し印象派、キユービズム、フオービズム等の美術の歴史を観覧者が自ら感得しうるようにするのがよいと思う。

そのために上野に松方コレクシヨン美術館の外になお二つの近代施設を作るのが良いと考え、その案を立てている。その一つは建築、絵画等の綜合展示場であつて、ここに各国の美術を巡回的に観覧させる施設としたい。ここには壁掛けその他の室内装飾、装身具等も陳列することとし、又日仏文化の交流を実施したい。今一つの建物はいわば『喫驚箱《びっくりばこ》』ともいうべきものであつて、演劇、舞踊、音楽等のホールとする。この三つの施設の内、美術館は自分が引き受けるが、他の二つは誰か他の人にやつて貰えば良いと考えている。上野の敷地はこの三つの建物を入れるに充分な余裕をもつている。

設計図素案は次のようなものである。

第一図は右に述べた三つの建物の配置図である。自分は松方美術館を敷地の中央へもつてゆくことを好まないので、科学博物館に隣る片隅に寄せることにした。

第二図が美術館の設計図素案である。広さは縦横各四十米、それに講堂が附くので建坪面積は約一八〇〇平方米（約五五〇坪）となる。二階建であるから延坪約一、〇〇〇坪である。中央に大広間をとり、ここに彫刻等を並べるその周囲が展示場であるが、松方コレクシヨンの外、その他の泰西美術品や参考品を置くようにしたい。[5]」

プロジェクトの最初期段階でありながら、この寺中のメモには、国立西洋美術館の必須要素がすべて記されています。①美術館は単独で存在するのではなく、より大きな複合体のなかに組込まれなければならない、②美術館は19世紀以降の美術の歩みを、松方コレクションを通して年代順に紹介する、③美術館は過去の作品を収蔵するものではなく、むしろ将来の美術に貢献しなければならない。この3つの考え方は国立西洋美術館の根幹です。さらにそれらは同時に、ル・コルビュジエの「アジェンダ」というさらに大きな思想の断片の一部なのです。彼の思想は簡単に理解できるものではないため、根源まで深く掘り下げていかなければなりません。だからこそ私は本書を書き、彼が真に表現したかったものを理解しようとしたのです。ル・コルビュジエは国立西洋美術館の建築家です。しかし彼は、単なる美術品倉庫を建てるだけでは飽き足らない、美術館学上の展示ストラテジーの発明者でもありました。つまり、ル・コルビュジエはこの依頼を、「芸術自体がより大きな概念を説明する建築」を創造する機会と捉えていたのです。

インドのプロトタイプ

閑静な上野公園の緑に囲まれた国立西洋美術館は、今では多くの人が訪れる観光地になっていますが、この建築の前に立ってみても、この美術館そのものがさらに大きなコンセプトの一部でしかないとはわからないでしょう。ル・コルビュジエはもともと大規模な複合文化施設の建設を構想していましたが、実現したのは美術館だけだった、という経緯がここにはありました。彼は、前出の寺中の報告書のなかで次のように説明しています。

「そのために上野に松方コレクション美術館の外になお二つの近代施設を作るのが良いと考え、その案を立てている。その一つは建築、絵画等の綜合展示場であつて、ここに各国の美術を巡回的に観覧させる施設としたい。（中略）今一つの建物はいわば『喫驚箱』ともいうべきものであつて、演劇、舞踊、音楽等のホールとする。[6]」

この報告書には、ル・コルビュジエの考えを説明するための寺中によるスケッチ［FIG 2］が添えられていました。これはおそらく、パリにあるル・コルビュジエのアトリエで見た図面をもとに描かれたものでしょう。複合文化施設は、松方コレクション美術館、巡回展のための第二美術館、音楽ホールと劇場の、3つの建築で構成されています。驚くのは、このときのスケッチが、すでにル・コルビュジエによる最終的な建物配置［口絵2］にかなり近いものとなっていることです。

ル・コルビュジエは、建築家として歩み出したごく初期から、文化活動の場をテーマとしてきました。また、美術館やパビリオンといった展示会場の設計を行うだけでなく、自ら展覧会も企画しています。例えば、1937年パリ万国博覧会の有名なパビリオン「新時代館」でも、キュレーションを手がけています。複合文化施設の構想も、遅くとも1949年、パリのポルトマイヨ

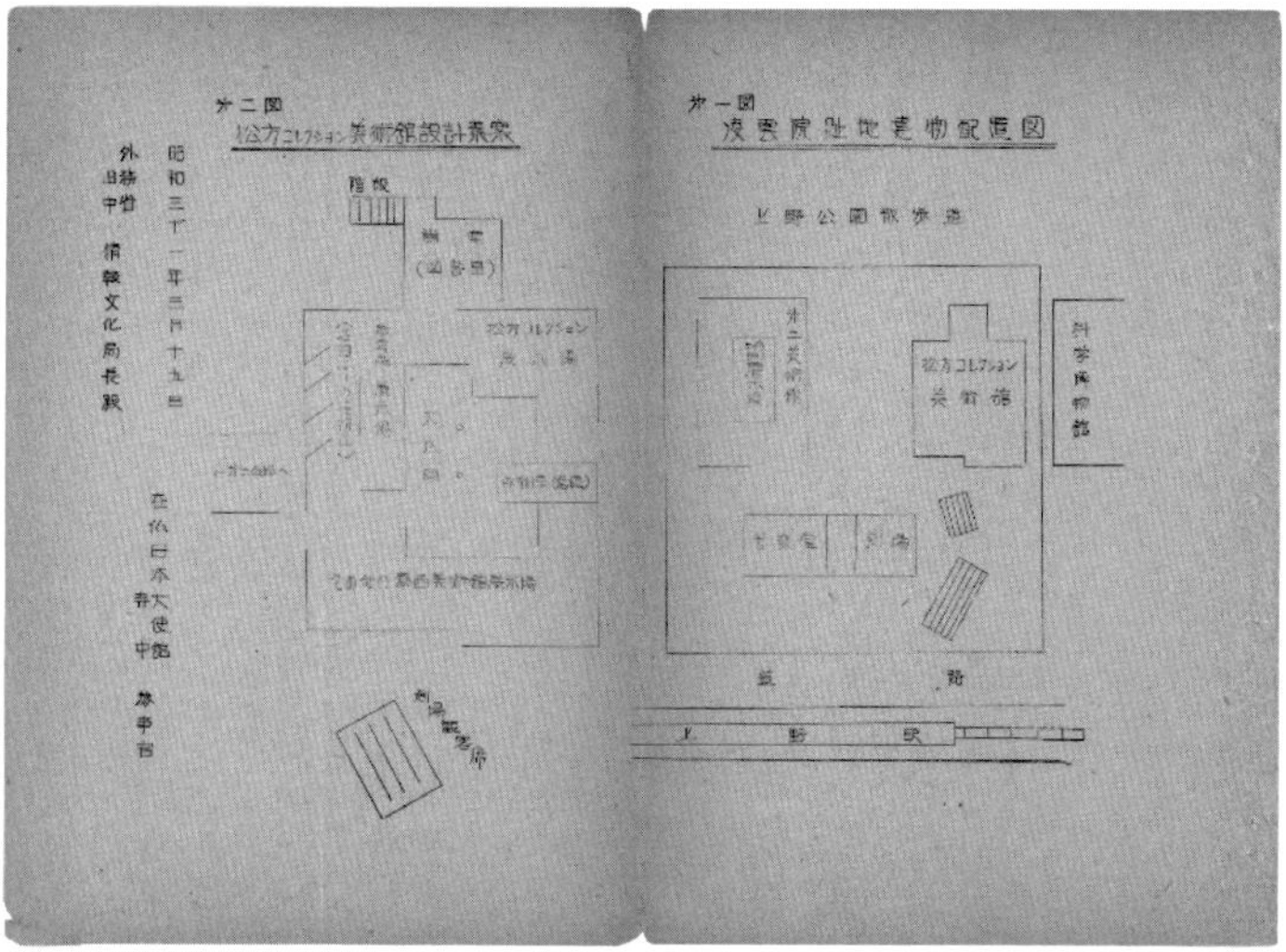

FIG 2　寺中作雄による国立西洋美術館スケッチ（1956年3月15日ごろ）

国立西洋美術館研究資料センター蔵 MSO_2_0150s

駐仏日本大使館参事官の寺中が描いたこのスケッチは、ル・コルビュジエの国立西洋美術館計画が描かれた史料のなかでも最初期の一枚にあたる。3棟の文化施設（美術館、劇場・音楽堂、巡回展示場）が示される。

の大規模展示場案の発表時点にさかのぼります。この基本配置には、時とともに修正が重ねられていきました。そしてインドで活動を始めた1950年代に入ると、複合文化施設の構想はル・コルビュジエのアジェンダのなかでも非常に重要な位置を占めてくるようになります。1952年から53年にかけては、アーメダバードの複合文化施設建設に携わりました。多くの研究者が、このアーメダバードのプロジェクトと、後の国立西洋美術館の配置を比較しています。ただ、ル・コルビュジエが国立西洋美術館に込めた思想を私がきちんと理解し始めたのは、ニューデリーの複合文化施設計画（1953年／実現せず）に出会ってからのことでした。当時は埋もれていたこのプロジェクトのことを知ったのは、博士課程で研究を行っていたときです。私はそのとき、これこそまさしく国立西洋美術館のプロトタイプだと直感しました。そして、ル・コルビュジエがアーメダバードの市長に宛てた一通の手紙が、私の予想の正しさを証明してくれたのです。

> 「（中略）ラージ・ガットのガンジー記念館についてニューデリーの最高権力者から意見を求められました。とくにガンジーの教養に影響を受けた《知識博物館》などを設けるというのが私の考えです。チャンディーガルについても同様の要望をいただいています。最後になりますが、今週に入り、東京で同じような美術館建設計画について日本政府と契約を結びました。[7]」

ニューデリーのプロジェクトは、現代インドを代表する政治家マハトマ・ガンジーの墓「ラージ・ガット」とその周辺の、広大な公園エリアの新たなデザインとなるべきものでした。インド当局はル・コルビュジエに意見を求めることで、将来どのように改造すればこのエリアが礼拝にふさわしい場になるかを模索していたのです。しかしル・コルビュジエは、インド当局に要求されていくつか案を提出したにもかかわらず、実際のところ彼らは自分を設計者に指名するつもりもなければ、自分のことを建築家扱いすらしていないと察し、大いに腹を立てることとなります。当時のラージ・ガットは、ニューデリーの中心部にありながら、樹木が点々と生えているなかに建国の父の仮のお墓があるだけの、ただの大きな原っぱでした。ふつうの芸術家なら記念碑的な霊廟のようなものを提案したでしょうが、ル・コルビュジエは違いました。彼のアイデアは、ガンジーの墓と、寺中の報告書に記されているのと全く同じ3つのユニット（博物館、パビリオン、喫驚箱）をそなえた複合文化施設を、モニュメンタルな軸線で接続するというものでした［FIG 3］。なお、国立西洋美術館計画にも登場する、3分割配置がみられるのもこれが最初です。

ル・コルビュジエの「ラージ・ガット」の図面には、各建物に具体的な用途の注釈が付いています。博物館には「知識博物館」、パビリオンには「諸芸術の綜合のための空間」、喫驚箱には「舞踊や演劇などの舞台芸術空間」と記されています。つまり、知識は博物館、芸術はパビリオン、パフォーマンスは喫驚箱と、各建物が特定の分野に対応しているのです。幸いなことに、ル・コルビュジエは「ガンジー記念館に関するメモ」という文章のなかに、自身の基本的なアイデアを書きとめています。

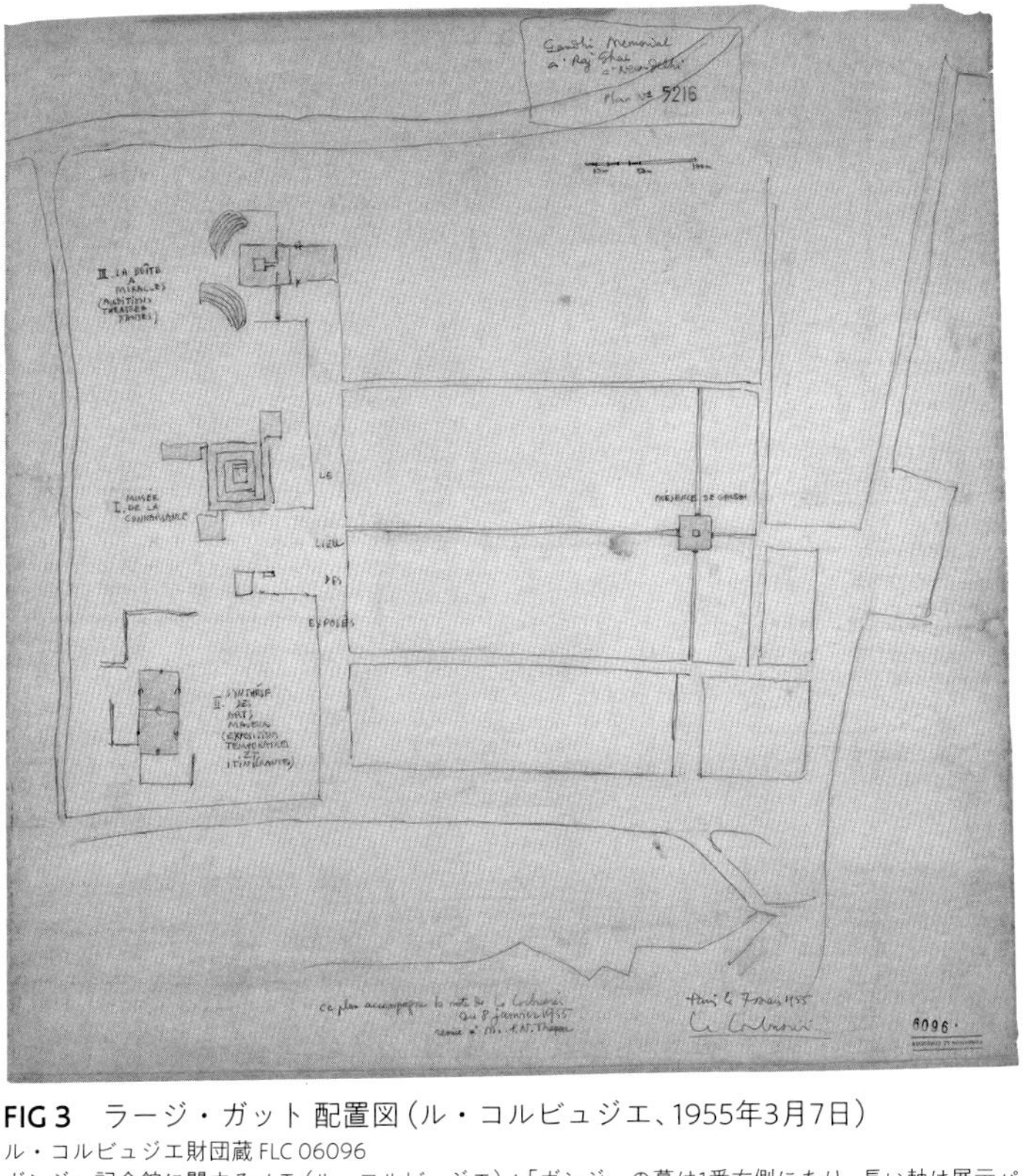

FIG 3　ラージ・ガット 配置図（ル・コルビュジエ、1955年3月7日）
ル・コルビュジエ財団蔵 FLC 06096
ガンジー記念館に関するメモ（ル・コルビュジエ）：「ガンジーの墓は1番右側にあり、長い軸は展示パビリオン、劇場、無限成長博物館からなる、東京と同様の文化センターへと続く。」

「ラージ・ガット記念館は、ガンジーの偉大な存在を存分に反映し、ガンジーの記憶をたどる永遠の旅の入口とならなければならない。（中略）ガンジーの精神、その活動、業績、手本、有事の際の重圧、時の運、死について、ここで説明し、啓示を示し、分析しなければならない。ガンジーの教えの精神を表現し、その精神を維持し、発展させ、実践していくこと。それこそインドが、国家独立の父に捧げることができる最高の尊敬と献身の印である。説明し、現実を直視し、未来を準備するという行動の連続は、思想と事実を展示できる手段があってこそ、はじめて現実となるのである。私の見解は１９３０年（すなわち25年前）に始めた研究をもとに徐々に完成していった。この研究とは、多種多様な展示を許容する、つまり、捉えがたい意味での『説明』にも正統性を認めることのできる柔軟な構造に関する研究である。統計学、写真、グラフィック・ドキュメント、音波、映画撮影等々、現代の発見を活用する新しい概念であり、まさに科学である。（中略）それは、教養、理論、命題、批判、修正、新しい命題等々の『ステートメントのための建物』なのである。（中略）一言でいえば、人生、その現実、その残酷さ、そしてその奇跡との哀しみに満ちた接触である。[8]」

この引用からわかるように、ニューデリーのガンジー記念館は、単なる複合文化施設以上のものになるはずでした。どうやらル・コルビュジエは、世界の総合的理解に役立つ、全人的な場所のことを考えていたようです。国立西洋美術館のプロトタイプは、ガンジー記念館にあり。彼が見ていた巨大な景色が、私たちにも少し見えてきました。

世界を表現する

ただ、ひとつ気になることがあります。ル・コルビュジエは、こうしたアイデアを「1930年」から研究し、「徐々に完成していった」ものだと書いています。では、そのアイデアの起源は何だったのでしょうか。

ル・コルビュジエは、遅くとも1920年代から博物館（美術館）や展示設計に関心をもち、知識や情報の普及の可能性に気づいていました。1925年に出版した『今日の装飾芸術』[9]では当時の博物館を「工芸品の無目的な寄せ集め」であるとこき下ろし、より現代的な、新しい展示デザインのあり方を模索していきます。ここで最も注目すべきなのは、彼が時とともに獲得していった全人的なアプローチでしょう。1930年代以降、ル・コルビュジエは美術と建築、音楽、舞踊、応用美術とを統合する必要があると考え、それを「芸術の綜合」と呼びました。芸術表現のあらゆる要素を統合し調和させようとするこの個人的な試みは、彼の円熟した思考過程を理解する鍵となります。ただしそれさえも、人間の存在を構成するあらゆる要素を統一するという、さらに大きな試みの一部にすぎないのです。そうしてその最高形態が、前出のガンジー記念館に関するメモ（「世界を説明し、来館者に現実を直視させ、未来に備える」）にあるような、複合文化施設という考え方なのです。

もちろん、ひとのアイデアの起源をたどることは簡単ではありませんし、それを証明することも容易ではありません。ル・コルビュジエのような、高い創造性をもった人間の思考であればなおさらです。ただ本書では、「芸術の綜合」という全人的なアプローチには、オーストリアの社会経済学者で哲学者、活動家のオットー・ノイラート[*5]［FIG 4］と、ベルギーの発明家で科学者のポール・オトレ[*6]［FIG 5］のふたりが大きな影響を及ぼしたと考えます。ル・コルビュジエは、このふたりを個人的に知っていました。そして彼らは、1920年代末のごく短期間ではあったものの、ある三角関係を形成しながら、互いに影響を及ぼしあっていたのです。

まず、オットー・ノイラートの話から始めましょう。ノイラートは20世紀前半における屈指の博物館考案者であるとされています。ですが彼の名前は、その実績に比べて現在もあまり知られていません。社会学と経済学を学んだノイラートは、いくつかの実験的な博物館をつくっています。博物館という施設を機械時代の社会の新しい基準に合わせるためです。1910〜20年代にライプツィヒやウィーンに実現した、通称「社会経済博物館」がその例です。ノイラートはル・コルビュジエと同様、過去の遺物を収蔵する伝統的な博物館は時代遅れであるだけでなく、社会に生産的貢献もしていないと考えました。キュレーターで都市論者のネイダー・ヴォスーギアンは、ノイラートに関する研究のなかで次のように述べています。

「19世紀の公立博物館〔美術館〕の主な来館者が、芸術家、アマチュア収集家、学者諸氏であったとするならば、20世紀には、工場労働者、家内労働者、日雇い農民、まだ字が読めない子どもを中心に考えるべきとノイラートは考えた。もし、これまで博物館〔美術館〕が珍しい美術品の収集に

FIG 5　ポール・オトレ
（1868–1944年）

FIG 4　オットー・ノイラート
（1882–1945年）

終始していたとしたら、これからの博物館〔美術館〕は当意即妙のわざや生活の知恵といった、ありふれた表現行為を記録すべきと考えたのである。」[10]

ノイラートの「社会経済博物館」は、20世紀初頭のヨーロッパの労働者階級に向けたメッセージを絵図を使ってわかりやすく表現するという、社会主義にも近い社会的意味をもつプロジェクトでした。ノイラートによれば、それは自主的に再現でき、限られた資金で短時間にどこにでも簡単に設置できるものであるといいます。「ノイラートは、社会経済博物館を通じて、大衆に、自分自身と周囲の環境についての理解を深めるためのレンズを提供したいと考えた」[11]のです。

ル・コルビュジエとノイラートに交流があったのは短い期間でしたし、その関係も決して良好なものではありませんでした。このオーストリアの哲学者は、建築家ル・コルビュジエについてあまり良い印象をもっていませんでした。自己中心的で傲慢な人物。確かにル・コルビュジエは、どちらかというとエリート主義的なところがありました。オーストリア・マルクス主義運動に積極的に参加し、社会的コミットメントを唱えたノイラートとは対極にいたのです。ル・コルビュジエ財団の資料室には、ふたりの間で交わされた書簡はありません。ふたりの交流は、彼らが出会った近代建築国際会議（ＣＩＡＭ）の会合をはじめ、公的な機会に限られていたのでしょう。ですが、だからといって、ノイラートの思想がル・コルビュジエに与えた影響を軽んじることはできません。１９４９年、ル・コルビュジエは、ノイラートとの出会いから20年近くを経て、「知識博物館」の提案のなかでノイラートの考えを多数取り上げているのです。

「知識博物館
知識博物館は、社会集団、社会、村、国のために蓄積された知識を学ぶための装置である。人びとが自分自身を理解し、自分自身を発見し、目的をもって何ができるかを学ぶことができるようにするもの、決断すること、行動することを教えてくれるものである。

イギリス、とくにロンドンでは、相互理解のための装置である。フランスとイギリスは、その地理、歴史、芸術、思想などがすべて、文書や工芸品、そして現代の日用品の数々を通して明らかにされている。

この無限に成長する建物は、少ない資金・短い時間で建て始めることができる。この種の建物には、ファサードがないといってもよいだろう。すべては屋内にあり、組み合わせの可能性は無限大である。なかはいつでも変えることができる。他にないこの可能性を生かすには、想像力豊かでエネルギッシュな人材が必要である。

この建物は完璧なプロポーションの巻貝のごときものになる！　外観？　地味で結構！　ただし、芝生が敷かれ、彫像があり、必要に応じて調整できる、手入れの行き届いた公園は考えてもよいだろう。

1951年の英＝仏から始まり、伊＝仏、英＝伊＝仏、仏＝X、仏＝Y等と続けるのもよいかもしれない。知識博物館は、ヨーロッパ全土で人びとの意識を反映する、この上なく素晴らしいものとなるだろう。[12]」

この記述はノイラートの考えをほぼそっくりそのまま再現しています。ニューデリーのラージ・ガット案ではこのような「知識博物館」が中央に大きく配置されていますが、ル・コルビュジエはこのときにもきっと、ノイラートと同じことを考えていたのでしょう。博物館や文化センターといった施設は、人びとが有意義な生活を送り、世界とその複雑さを十分に理解できるようなものであるべきだ——そう考えたル・コルビュジエの背後には、ノイラートの影響がみてとれます。

ノイラートがル・コルビュジエに与えた影響はしかし、きっかけのようなものだったでしょう。つまりル・コルビュジエは、未来の博物館をめざした、一般的な姿勢のようなものを感じとったのだと考えられます。彼に対するもうひとりの影響源であるポール・オトレは逆であり、その影響はもっとはっきりした、見きわめやすいものです。1927から29年にかけての、ジュネーブの通称「世界都市」計画で、ふたりは共同で取り組んでいた時期がありました。この「世界都市」は、ル・コルビュジエの最も有名かつ議論を呼んだ、未実現の建築ビジョンのひとつです。この計画は国立西洋美術館計画と同様に非常によく知られていますが、その両方が、「世界都市ムンダネウム」といわれる、オトレの大きな構想から生まれたものだったのです。

「世界都市ムンダネウム」の構想は、オトレが友人のアンリ・ラ・フォンテーヌと共同でまとめた博物館計画に端を発していますが、その歴史は錯綜しています。それは、この構想がかなり抽象的な性質をもっていること、誕生に関わった組織のネットワークが複雑であったこと、さらにはその定義や名称、場所が何度も変わったことに起因しています。ムンダネウムには2通りの説明の仕方があります。1つめは、「図書館を補完し、やがて図書館を吸収する、新しいタイプの情報サービス」（現在のインターネットとほぼ同じ）となるはずだったということ。[13] 2つめは、いわゆる「国際団体連合」、「ユニバーサル・ドキュメンテーション・センター」（一種の「世界公文書館」）、「世界大学」、「世界博物館」からなる、オトレが時間をかけてつくろうとした施設群であるということです。平和主義や国際主義の推進に役立つ組織をつくり、その組織の拠点を、国際的な活動の場として機能する、巨大な「世界都市ムンダネウム」のなかに置くことが考えられたのです。

オトレの思想には、ピーター・エイクマンの「世界知的センター」や、ヘンドリック・クリスチャン・アンデルセンとエルネスト・エブラールによる「世界コミュニケーション・センター」など、同時代の国際主義的ユートピアと多くの共通点があります。どれもほぼ同時期（第一次世界大戦開戦前の数年間）に立案されただけでなく、工業化の時代には、理学と科学の力で社会を発展させる場が必要になる、という思想を共有していました。エイクマンとオトレの国際主義を扱った最近の研究は、両者の思想に共通点を見いだし、このように論じています。

「オトレは、（中略）科学は社会の進歩や国際化の原動力であるという強い信念をもっていた。（中略）また、オトレの書誌・記録へのこだわりには、基本的に社会的な裏づけがあった。オトレによれば、知識の組織化と普及の究極の目的は、科学の進歩だけでなく、社会をより良いものにすることにある。オトレは次のように語っている。科学は宇宙そのものを対象とし、新旧・古今東西の人間の努力の結晶であり、国際化の最も強固な基盤となるものであると。」[14]

国際連合の構想やユネスコの創設など、国際主義の思想は20世紀の歴史にさまざまな足跡を残しています。しかしその大半のビジョンは頓挫し、ムンダネウムもまた、ユートピアの域を出ない運命にありました。ル・コルビュジエがオトレの思想を建築ではっきりと表現していなければ、今日、その思想は今ほど知られていなかったといえるかもしれません。

オトレの高度で抽象的な思想をビジュアル化したル・コルビュジエの作品「世界都市」（1928〜29年ごろ）［FIG 6］に、人びとは興味をそそられました。その感傷を誘う壮大な佇まい、アルカイックな造形ボキャブラリーが、ル・コルビュジエがそれまでに提唱してきた合理的モダニズムとは、一線を画しているように映ったのです。ル・コルビュジエが描いた「世界都市」は、スイスのジュネーブ近郊、レマン湖とアルプスの間にありました。広大な敷地に、オトレは、巨大な会議場、「世界図書館」、大規模な「世界大学」、「世界博物館」などが必要だと考えました。そしてル・コルビュジエの「世界都市」は、これらの施設がすべて揃った広大なものでした。とくに、施設群の中央に配置された「世界博物館」は、ル・コルビュジエが多くの設計で提案し、ついに東京の国立西洋美術館で実現した、螺旋型美術館のアイデアのプロトタイプであり、「無限成長博物館」の原型としてかなり有名になりました。オトレが自身の都市計画を「世界都市ムンダネウム」と呼んだのに対し、ル・コルビュジエは、「世界都市」のなかに置かれた博物館を「ムンダネウム世界博物館」と呼んだのです。この定義の違いは、ル・コルビュジエの「ムンダネウム世界博物館」が有名になったことで、今も尾をひき私たちを混乱させます。

このル・コルビュジエによる世界都市構想は、ある意味、オトレにとって吉でもあり凶でも

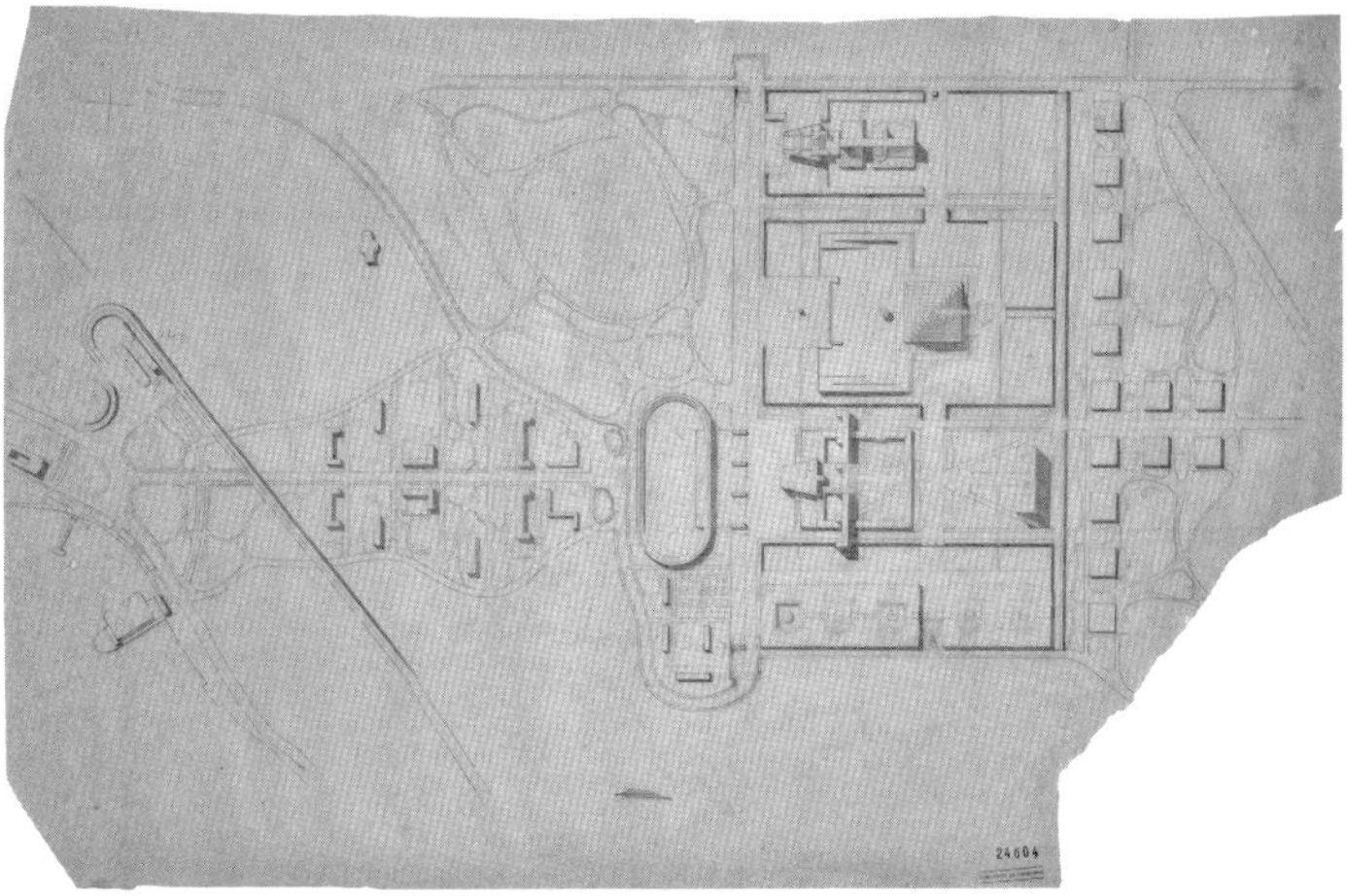

FIG 6　世界都市 配置図（ル・コルビュジエ、1928–29年ごろ／実現せず）
ル・コルビュジエ財団蔵 FLC 24604
ル・コルビュジエが構想した世界都市。
図面右上、施設群の中央に螺旋ピラミッド状の「ムンダネウム世界博物館」が描かれている。

ありました。確かに、オトレの思想は世間の注目を浴びるようにはなりました。しかし同時に、ル・コルビュジエの壮大な設計の陰に隠れて、オトレ自身の姿がほとんど見えなくなってしまったのです。ですが、ル・コルビュジエがオトレのプロジェクトに参加する前に、オトレ自身が「世界都市」の建築〔FIG7〕についてのコンセプトを書いていたことを忘れてはなりません。ベルギーのオトレ資料館で見つけた記述は、ル・コルビュジエの配置にかなり近いものでした。

「今回は、建物そのものと、そのいくつかの部分の配置について説明する。建物のファサードは、モンブランを望む湖畔に沿って伸び、広いエスプラナード〔遊歩道〕、中庭に直接つながるふたつのウイングをもつポルティコ〔柱廊〕として機能する。中庭の地面には芝生を敷き、小道が聖アンドレアスの十字架を形づくり、中央には巨大な黄金の日時計を置く。こちらには大きな地球儀の形をした『プラネタリウム』があり、外側は宇宙のなかの地球を、内側は天球を表現している。〔中略〕大きく平らな石に、非常に大きな文字で一般の興味を引く言葉を刻む。〔中略〕カラーとゴールドの壁画とモザイク。ここで大規模な野外セレモニーを行うのもいいだろう。この場所の右側には《国家の館》、その左側には《科学の館》、その奥には《文明史の館》がある。[15]」

こうした記述から、ル・コルビュジエが自身の「世界都市」を設計する際に、オトレの影響を強く受けていたらしいことがわかります。どうやら歴史は、オトレをかなり不当に扱ってしまっ

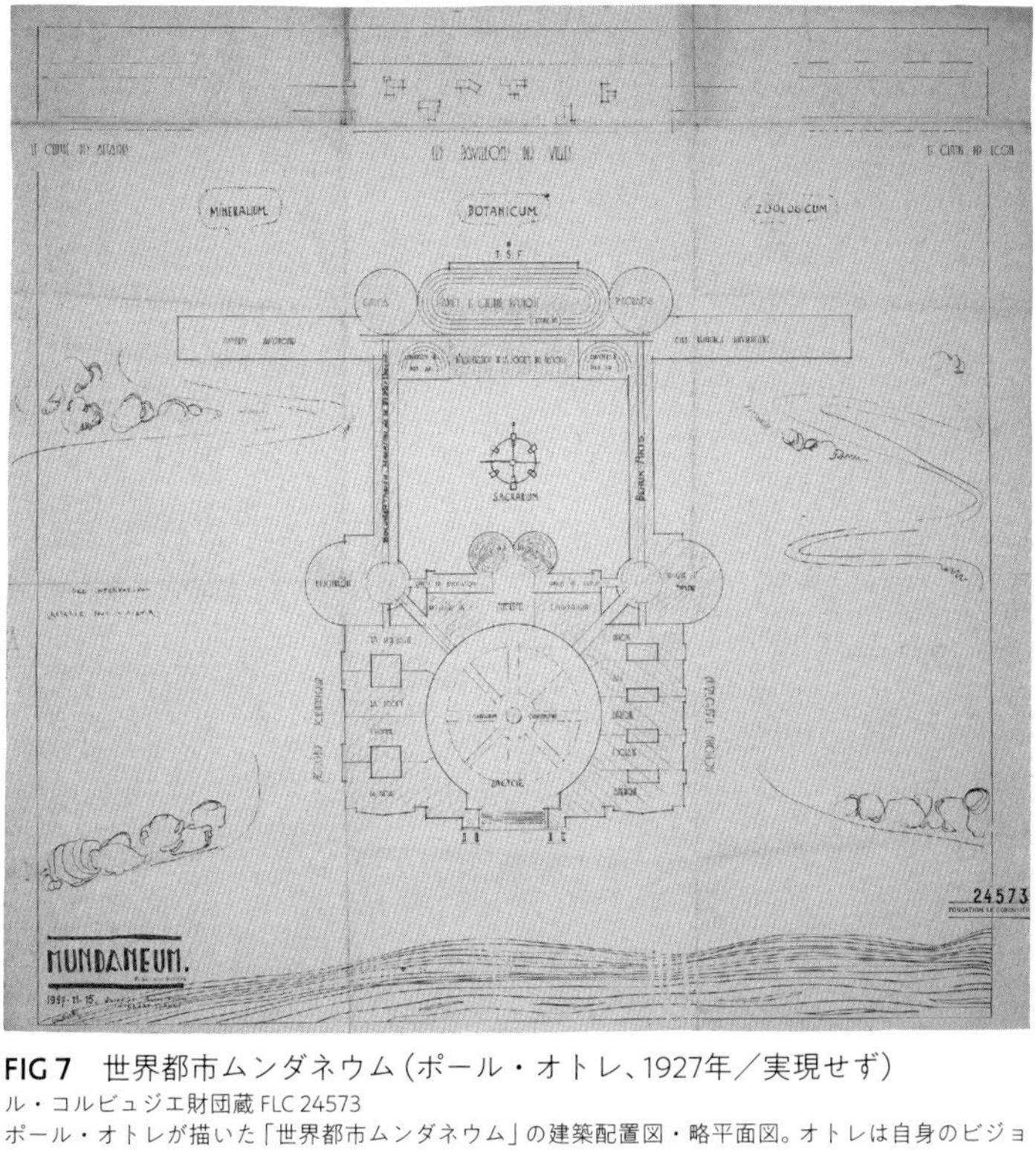

FIG 7　世界都市ムンダネウム（ポール・オトレ、1927年／実現せず）
ル・コルビュジエ財団蔵 FLC 24573
ポール・オトレが描いた「世界都市ムンダネウム」の建築配置図・略平面図。オトレは自身のビジョンに対する理解のために計画案をル・コルビュジエに送っていた。

たようです。20世紀で最も有名な建築家と共同で作業をしたことが、オトレ個人の名声に影を投げかけたのかもしれません。ル・コルビュジエが1965年に没するまで、彼の頭のなかに何十年にもわたりオトレの思想があったらしいことは、オトレの立場からするとむしろ皮肉なことです。ラージ・ガットのような計画をみると、「世界都市」との類似性を一目で感じとることができます。同じことは、国立西洋美術館と、実現しなかったその付属施設にもいえます。どの計画案にも、生活のさまざまな側面に対応する多面的な構造がみられます。どの計画も博物館（美術館）を単体とは理解せず、より大きな機構の一部とみなしたミクロコスモスとして、「世界都市のミニチュア」を形成しています。ル・コルビュジエによれば、それらは、思想や事実の展示を通じて世界を説明し、観る者に現実を直視させ、未来に備える場所なのです。また、彼がめざした「生活との悲痛な接触」が可能となる場所です。その根底には、世界を理解し、自分自身を理解し、有意義で調和のとれた生活の送り方を学べる空間をつくる、という考えがありました。ル・コルビュジエはこの考えを最晩年までもち続けました。それがついに明確なビジョンとして立ち現れたのは、死の直前でした。最後のプロジェクトのひとつである、イタリアのオリベッティ社のための「電子計算センター」［FIG 8］は、人生の緊急課題に対する答えを自動生成する、一種のウォークイン・コンピュータでした。

とにかく、この事実は忘れないでください。国立西洋美術館に行けば、ポール・オトレに会える！

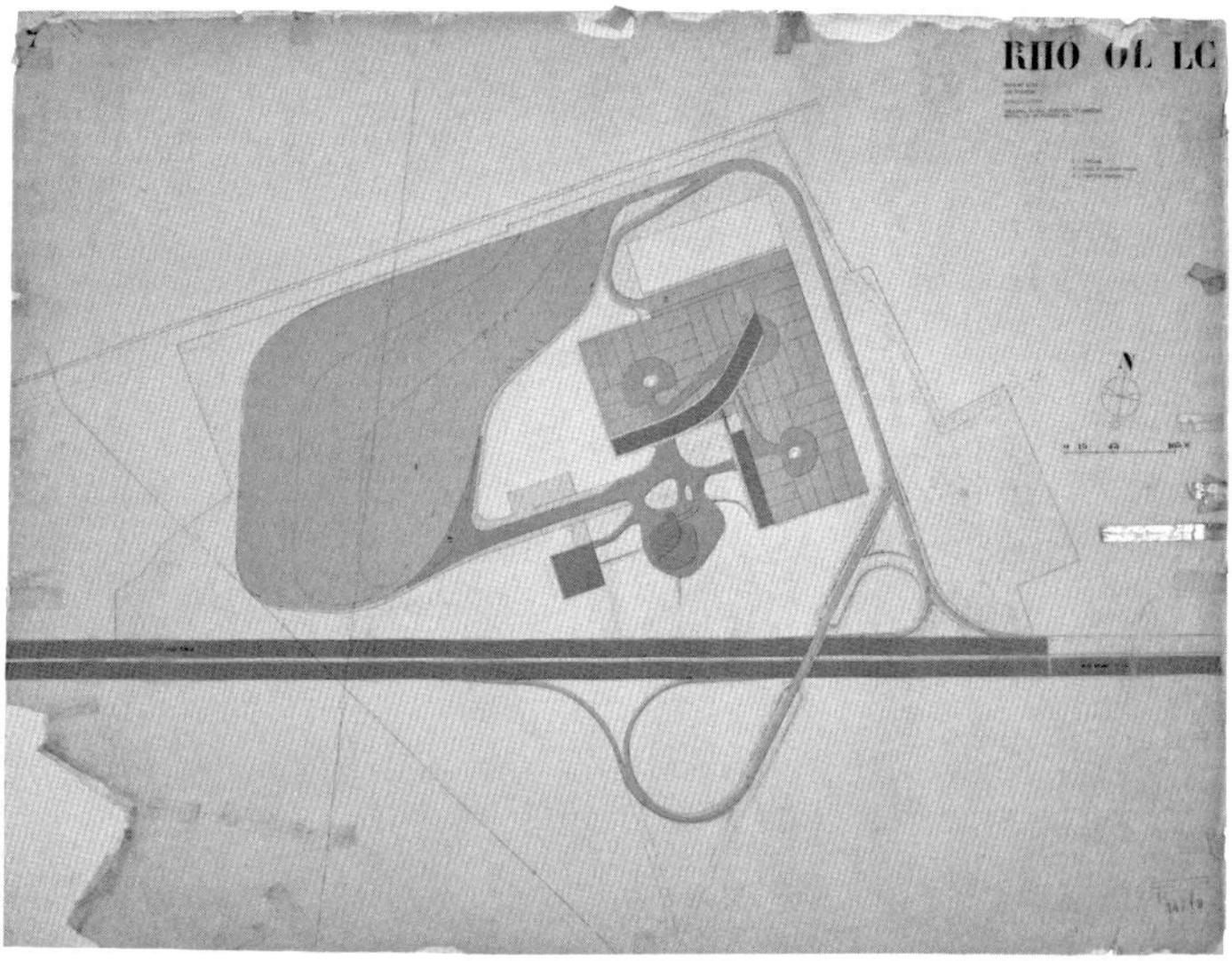

FIG 8　オリベッティ電子計算センター 配置図
（ル・コルビュジエ、1962年／実現せず）
ル・コルビュジエ財団蔵 FLC 14719

オトレの別の文章を引用させてください。私はこれをベルギーのムンダネウム・アーカイブで見つけ、目から鱗が落ちました。「芸術とムンダネウム」と題されたこの文章のなかでオトレは、ムンダネウム構想における芸術の重要性を強調しています。

「芸術がなければ、本当に持続可能なものは世界で何も達成されなかった。なぜなら、どの存在も、存在するためには、美、真実、公正という、一体となって理想を形成する3つの要素に対応しなければならないからである。人間には、もっている知識と意志の分だけ、感性、感情、情緒がある。つまり、美を表現し、人間の感性を把握できるようにしてくれる芸術は、《ムンダネウム》の取り組みに反映されなければならないのである。

そして、ムンダネウムの建設に伴い、芸術家自身がその生活の一部となり、芸術がこの施設の恒久的機能のひとつとなることが必要である。そこは、世界規模の思想や介入方法が開発されるべき場所となる。参加するのも交わるのもそれぞれの自由である。研究にも、デモンストレーションにもマニュフェストづくりにも、膨大な数の来館者に対するそれらのプレゼンテーションにも、アーティストの協力が必要不可欠である。

人類の進化、そしてさまざまな分野の知識や技術、活動の現状を紹介する専用セクションでは、古今東西の芸術作品のプロセスと完成形を展示すべきである。また、多彩な形と表現方法、線、色、モデル、構造、音、言葉、身振りなど、人間が本質を見いだすことができるあらゆるものを紹介しなければならない。
以上から、ムンダネウムの一部は芸術、すなわち、『常設の美術ギャラリー』と『いわゆる大芸術・小芸術の国際展示（演劇、音楽演奏、映画、パノラマ）』に特化する。ムンダネウムの中核群として招集される国際機関のひとつは、芸術の高等教育や、同分野の新しい研究に専念する機関である必要がある。[16]」

上記のとくに最後の段落と、寺中が伝えているル・コルビュジエの設計コンセプトに類似性があることは明らかです。この文章は、美術館、美術展示パビリオン、舞台芸術のためのスペース（喫驚箱）という、国立西洋美術館の当初計画の三位一体を予見しているだけではありません。この美術館が、ムンダネウム構想の一翼を担う可能性があることも示されているのです。この意味で、国立西洋美術館は氷山の一角のようなものです。建物自体は、それよりはるかに大きな思想の一部として、水面から顔を出しているにすぎないのです。

その後、前川國男の説得により、ル・コルビュジエ案のバリエーションとして美術館の向かいに文化会館が加えられ、計画地は広がりました。しかし、上野での計画でル・コルビュジエ自身が実現したのは美術館のみであり、パビリオンも「喫驚箱」も建設されていません。実現した建物が一部であることに変わりないのです。ここで重要なのは、「啓蒙のための機械」の単なる一部としての、この美術館のより大きな文脈における意義を理解することです。本章では、この要点をある程度明らかにできたのではないかと思います。次章では、美術館そのものを詳しくみていきましょう。

2 1953年9月14日、シャルル・ル・ジェニッセルが仏外相に宛てた書簡。国立西洋美術館研究資料センター（原本はナントのフランス外交史料館所蔵）6033

3 準備委員会、会議議事録、1954年3月31日。国立西洋美術館研究資料センター MSO_1_0250

4 奥村勝蔵外務事務次官、吉田茂首相との会談後のメモ、1954年3月10日。国立西洋美術館研究資料センター、国立西洋美術館に関する外務省文書、第一巻、五頁所収

5 寺中作雄駐仏日本大使館参事官、外務省提出の報告書、1956年3月15日ごろ。国立西洋美術館研究資料センター MSO_2_0148–0149

6 同前

7 ル・コルビュジエ、チヌバイ・チマンバイ市長（アーメダバード）宛書簡、1955年5月9日。ル・コルビュジエ財団 P3-4-95-004

8 ル・コルビュジエ、ガンジー記念館に関するメモ、1955年1月8日。ル・コルビュジエ財団 P2-15-32-007

9 Le Corbusier, L'art décoratif d'aujourd'hui (Paris 1925)／邦訳に前川國男訳『今日の装飾芸術』（鹿島出版会、1966年）がある。

10 Nader Vossoughian, Otto Neurath: The Language of the Global Polis (Rotterdam 2011), p.49

11 同前 p.59

12 ル・コルビュジエ、知識博物館の説明、1949年11月30日。ル・コルビュジエ財団 P3-4-1-001

13 Wouter Van Acker, "Opening the Shrine of the Mundaneum: The Positivist Spirit in the Architecture of Le Corbusier and his Belgian 'Idolators'," Proceedings of the Society of Architectural Historians, Australia and New Zealand: 30, Open, Vol.2, 2013, p.794

14 Wouter Van Acker, Geert Somsen, "A Tale of Two World Capitals: The Internationalisms of Pieter Eijkman and Paul Otlet," Revue belge de Philologie et d'Histoire 90(4), 2012, p.1393

15 ポール・オトレ、ムンダネウム建築の説明、1927年。ムンダネウム・モンス Note 5614

16 ポール・オトレ「芸術とムンダネウム」、1927年。ムンダネウム・モンス Note 5610

第2章

歴史の使命

無限成長博物館

国立西洋美術館本館は、柱の上に四角いコンクリートの箱が載る、驚くほどシンプルな設計です。本館の1階に入ると、幾何学的にも建物の中心であり、同時に展示室への入口でもある中央の大ホールに出ます。そこからスロープで2階に上がると、ちょうど太陽を中心に回る惑星のように、中央のホールを中心として、展示室が左右対称に配置されています［FIG 9］。実にシンプルなレイアウトですが、ここにはさまざまな隠された意味が込められています

前章では、できあがった国立西洋美術館は「氷山の一角」であり、大きな思想のなかの目に見える一部分にすぎないのだと説明しました。つまり国立西洋美術館は、大きなビジョンの「断片」ともいえるものなのです。この建物が「断片化」という思想そのものを表した作品であるのはまさに皮肉です。というのも、現在の建物は、ル・コルビュジエが1930年代初頭から展開していた、「博物館や美術館はその時々のニーズに合わせて絶えず拡張できるものであるべきだ」という考え方がベースとなったものなのです。1920年代末の「ムンダネウム世界博物館」でも用いられた螺旋形を展開させたこの建築プロトタイプを、ル・コルビュジエは「無限成長博物館」と呼びました。1931年、ル・コルビュジエは、この無限成長博物館を美術品収蔵においてて実現しようとした、パリ現代美術館（実現せず）［FIG 10］について次のように説明しています。

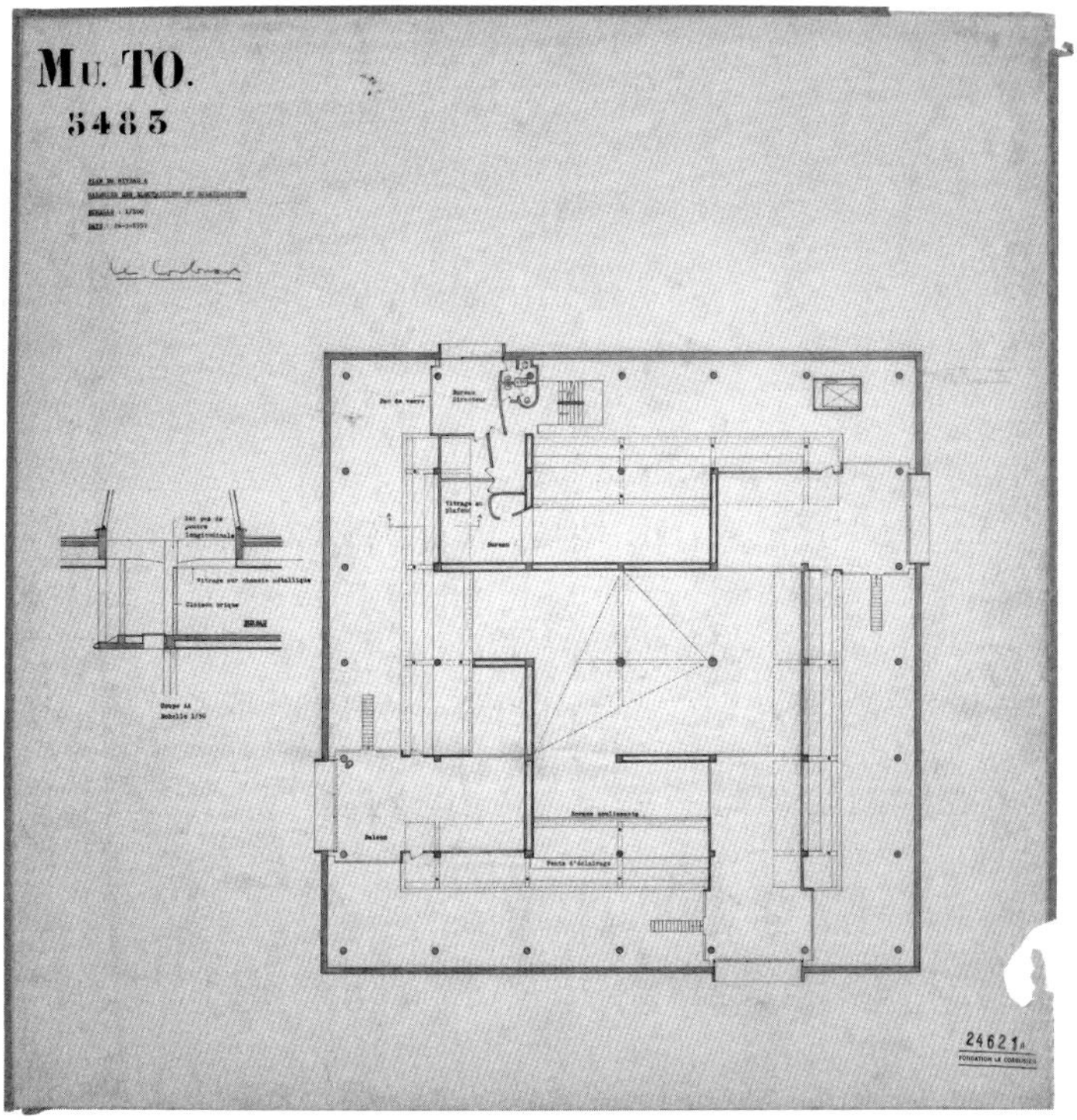

FIG 9　ル・コルビュジエ・アトリエ作成の展示室 平面図（1957年3月26日）
ル・コルビュジエ財団蔵 FLC 24621A
国立西洋美術館の基本的な平面構成を示す。

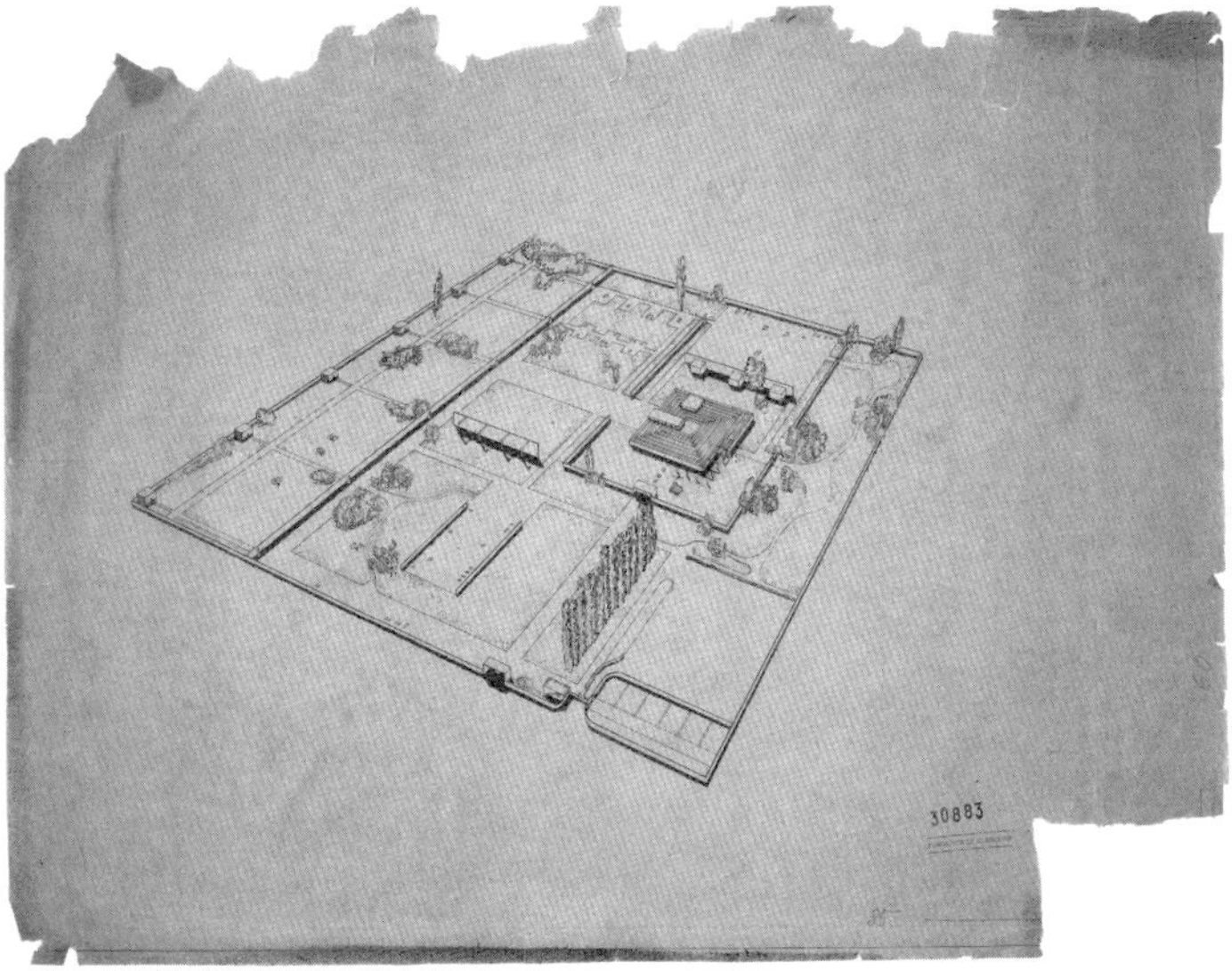

FIG 10　パリ現代美術館 鳥瞰図（ル・コルビュジエ、1931年／実現せず）
ル・コルビュジエ財団蔵 FLC 30883A
「無限成長博物館」を描いた最初のドローイング。「ムンダネウム世界博物館」同様の螺旋状のボリュームが拡張していく様子がよくわかる。

「（中略）美術館は資金がなくてもできます。実際のところ、最初のホールは10万フランで建ちます。その後、数ヵ月、あるいは2年、４年の間に、希望に応じて新しいホールをひとつ、ふたつ、あるいは4つと足していけばよいのです。美術館にはファサードは設けません。来館者からファサードは見えません。見えるのは美術館の内部だけです。美術館の中心部へは地下道から入ります。（中略）美術館は自由に拡張できます。プランは螺旋で、調和のとれた規則正しい紛れもない成長の姿です。[17]」

この最初のアイデアは、時とともに変更と調整、改良を重ねていきました。それが「無限成長博物館」の名前で発表されたのは戦後のことですが[18]、１９３９年に制作した模型［ＦＩＧ11］にはすでに洗練がみられます。それがその後、彼が手がけるあらゆる博物館・美術館プロジェクトの雛形となったのです。ただしル・コルビュジエは、螺旋のモチーフを使い続けながらも、可動式間仕切りを使って当初のかたさを和らげ、臨機応変な室内構成も可能にしました。この「やわらかい」無限成長博物館は、アーメダバード（インド、１９５４年）、東京（１９５９年）、チャンディーガル（インド、没後１９６８年に竣工）の３ヵ所の美術館で実現しています。ただし、これらではたしかに螺旋のモチーフは繰り返し用いられたものの、もともと意図されていた、螺旋を利用した拡張が行われたことはありません。その一方、国立西洋美術館には、①中央からアクセスする、②ボリュームが持ち上げられている、③（少なくとも理論的には）建物の外側に新しい建物を追加して

FIG 11　無限成長博物館 模型（ル・コルビュジエ・アトリエ、1939年／実現せず）
ル・コルビュジエ財団蔵（写真）FLC L3(20)20
「螺旋状の拡張」は生きているが、平面構成は和らげられ、いろいろな場所に気軽にアクセスできるようになっている。

拡張できるといった、１９３１年のごく当初のアイデアがまだ生きています。

「無限成長博物館」というアイデアは、ル・コルビュジエの建築的発明のなかでも最も有名なもののひとつです。このアイデアの普及に一役買ったのは、１９３９年ごろにル・コルビュジエ本人が描いた、かの有名なスケッチのビジュアルでした［ＦＩＧ 12］。このスケッチは、無限成長博物館の設計の要点、そしてル・コルビュジエのデザイン哲学とその正しさまでをも見事に伝えてくれます。このスケッチのなかで、無限成長博物館は、オウムガイと、黄金分割された長方形の下に描かれています。ここで伝えたいメッセージは一目瞭然、「（螺旋などの）建築的に強い形式の原型は自然界に存在するのであり、所与の普遍的法則に従うものなのだ」ということです。例えばル・コルビュジエは、（国立西洋美術館を含む）熟年期の建築のほとんどに、まさしく彼独自のプロポーション体系である「モデュロール」を応用しています。モデュロールを用いると、柱間寸法や天井高といったあらゆる寸法が、黄金分割に基づく厳密な計算法に従って割り出せます。かいつまめば、「無限成長博物館」や「モデュロール」を応用した建築はル・コルビュジエにとって、単に建築家個人が頭のなかで勝手につくり出したものではなく、宇宙の普遍的な法則を想像し、その世界観を表現したものなのです。

実際ル・コルビュジエは、生涯そのような、「普遍的な法則」を数や計算で表現する取り組みを続けていました。彼が近代建築の最も優れた理論家のひとりであり、合理主義の巨匠であるとみなされるようになったのも、それが一因です。なかでもモデュロールは20世紀の規格化理論の

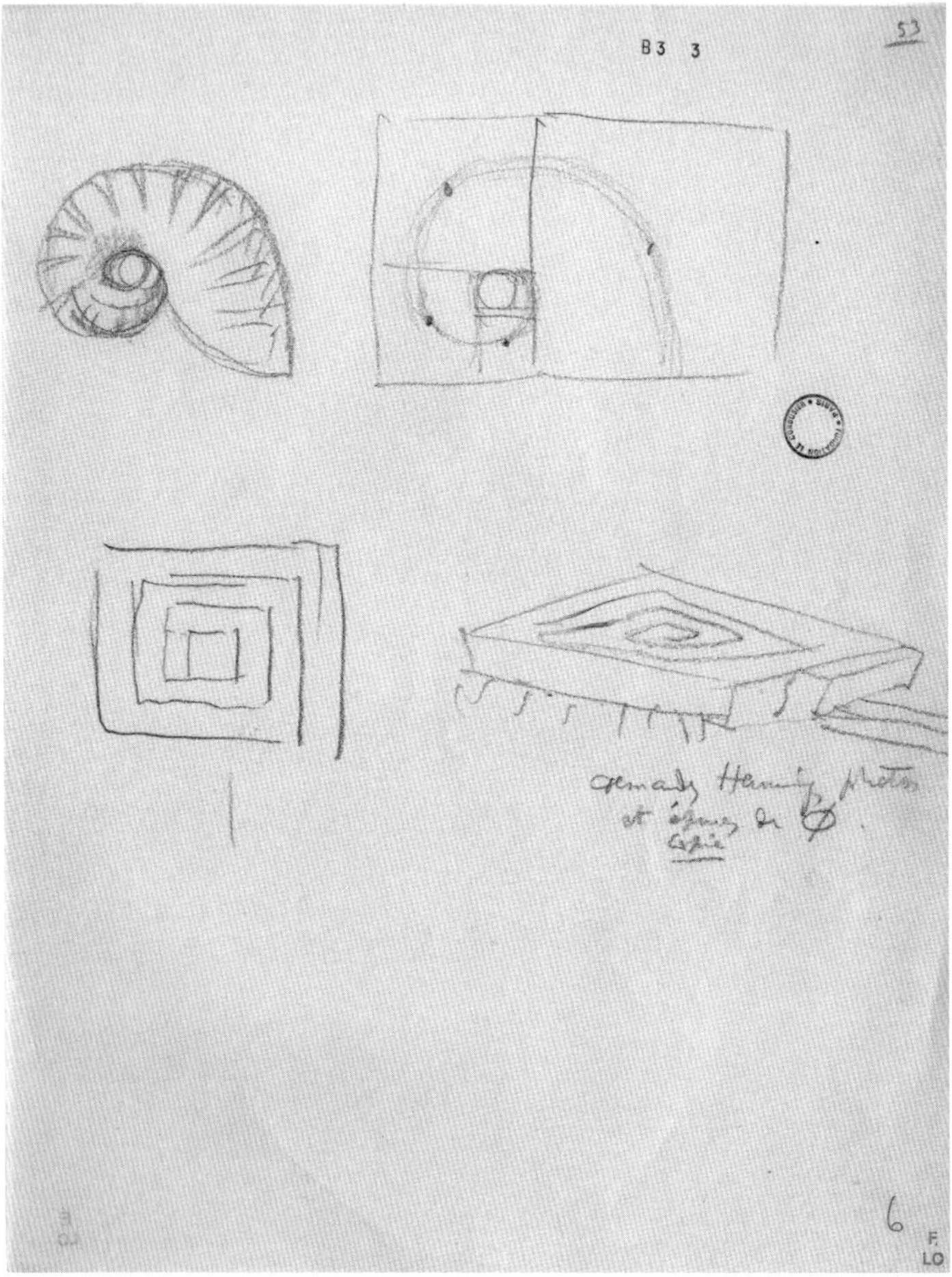

FIG 12　ル・コルビュジエによるスケッチ（1939年ごろ）
ル・コルビュジエ財団蔵 FLC B3(3)53
オウムガイ、黄金分割、無限成長博物館が描かれる。

代表例として有名ですが、ただし、１９１０年ごろのオランダ人建築家マチュー・ラウヴェリクスや[19]、その25年後におけるドイツ人建築家エルンスト・ノイフェルトの例など[20]、モデュロールのはるか以前から同じようなアプローチが存在していたことを忘れてはなりません。また、ル・コルビュジエの設計プロセスは一見合理主義的にみえますが、実際のそれは意外なほどにスピリチュアルで、時にかなり神秘主義的ともいえる世界観に根ざしたアプローチをとっていました。とくに国立西洋美術館では、ル・コルビュジエのスピリチュアルな側面が他の多くの作品よりもはるかによく具現化されています。それをこれから明らかにしていきましょう。

ムンダネウム世界博物館の影響 その１――持続する美術史、ひろがる美術館

ル・コルビュジエは、しばしば合理的で技術中心的なモダニズム建築の父のひとりとみなされます。しかし実は、彼の作品にはきわめて神話的で、スピリチュアルとさえいえる側面があります。

それは、ロンシャンの礼拝堂（１９５５年）といった宗教建築だけではありません。彼の後期作品であるチャンディーガルのキャピトル・コンプレックス（行政庁舎群）［FIG 13］をみても明らかです。やっとの思いで近代建築の桃源郷・チャンディーガルにたどりついた旅人はみな、そこで誰しも、建築のもつ根源的なちからに圧倒されることになります。インドの情け容赦ない《ブルータルな》、灼熱

FIG 13　チャンディーガルのキャピトル・コンプレックス
C.-P. ヴォイチュツケ撮影（2016年）

の太陽の下に集まったシュールレアルな造形。その別世界の構造物は、久遠の過去から来た神秘の遺跡か、はたまた未知の未来から届いたメッセージか。州会議事堂（１９６２年）のコンクリートの壁には、動物、人間、植物の象形文字や、「時間のなかの人間」、「太陽の回路」、「人体の測定」といった、人生の大問題を扱った抽象画の数々がちりばめられています［口絵３］。庁舎の上には鉄の巨大な「開かれた手」［ＦＩＧ14］が置かれ、彼方のヒマラヤの山々へと視線を誘導します。まぎれもなく、このキャピトル・コンプレックスはル・コルビュジエの最高傑作です。ところが今日に至るまで、チャンディーガルは人びとを戸惑わせ、意見を二分させています。批評家のなかにおいても、これを20世紀建築の最高峰とする一方で、見るにたえない、大げさでやりすぎた建築だという批判もあるのです。

キャピトル・コンプレックスと国立西洋美術館計画を比較するといったら、おかしく聞こえるかもしれません。プロジェクトの背後にある意図も規模も大きくかけ離れているからです。チャンディーガルの州会議事堂は、20世紀における最も野心的なモニュメント建築のひとつとされています。これだけの巨大事業と比較的小さな美術館計画を、いったいどう比較すればよいのでしょう。このふたつのプロジェクトには、どちらも、国家的意義をもつ政治的な意味合いがあります。しかし、真の共通点は、いずれもル・コルビュジエ個人の世界観を伝えるメディアだという点にあると思います。どちらのプロジェクトも、建築としての機能をはるかに超えた意味を発信しているのです。チャンディーガルがル・コルビュジエの個人的な象徴体系や宇宙観を表現する場で

FIG 14　チャンディーガルの「開かれた手」(ル・コルビュジエ、1970年代)
C.-P. ヴォイチュツケ撮影(2016年)

あったように、彼は東京において、収蔵作品そのものが大きなメッセージを伝える役割を果たす、そのような美術館をつくろうとしたのです。

そのメッセージとは一体どのようなものでしょう。１９５６年7月に駐仏日本大使（西村熊雄・当時）に宛てて書かれたル・コルビュジエの書簡には、国立西洋美術館の設計方針が詳しく書かれています。美術館建物の子細を述べたかなり長い書簡ですから、ここでは最後の部分だけを引用します。

「印象派の芸術は19世紀、すなわち激しい進化と革命の時代、社会が知らず知らずのうちに昔ながらの習慣を捨て去り、入っていった変異の時代、機械時代、機械文明時代に生まれました。（中略）時に革命の先駆けである芸術は、20世紀にふさわしいかたちで表現する必要がありました。色彩物理学、光学（写真、映画）などの発見が引き金となって起こされた真の革命です。それまでの絵画や彫刻のメソッドは崩壊し、芸術の新しい展望が開けたのです。
印象派の芸術（つまり松方コレクション）は、百年来の定型を破り、新たなステージを切り開きました。絵画におけるフォービズムやキュビズム。キュビズムは、視覚芸術であるだけでなく、思考と創造の方法をもたらし、近代の詩に大きな変革をもたらしました。（中略）
国立西洋美術館に松方コレクションが展示されれば（中略）、いずれも機械文明の第二時代である『調和の時代』へとつながる19世紀（印象派の時代）と20世紀初頭の主要作品を紹介するものとなると思われます。[21]」

この一節に、ル・コルビュジエが構想した国立西洋美術館のプログラムを理解する鍵があります。ここでは、近代美術の発展が「印象派→フォービズム→キュビズム→調和の時代」の順序で説明されています。歴史は内在的必然から生じた強いちからのようなものに押され、ある最終的な目標に向かって既定の道筋をたどるのだ、という彼の歴史観が前提にあるようです。本書では、この歴史観を「歴史の使命」と呼びたいと思います。つまり、時間のパノラマはみる者に対して明確な始点と明確な終点をもつ1本の線として展開し、結果として啓示や救済に至るという考え方です。

ル・コルビュジエの作品には、このような時間概念に対するきわめて特殊なアプローチが多く見受けられます。例えば、1937年パリ万国博覧会における「新時代館」のメイン展示は、「機械主義の新時代」に向かう人類の姿が描かれた壁面でした。1956年に建設された、アーメダバードの美術館で目論まれていたのも、「過去と現在と必然的未来を明らかにする」ことです[22]。「歴史の使命」の思想が込められていたのが国立西洋美術館だけではないことがわかります。ただし、前述の駐仏日本大使に宛てた書簡が証明しているとおり、国立西洋美術館ではこの思想がより強く表れています。

この「歴史の使命」を表現するためにル・コルビュジエが選んだ造形は、「螺旋」という、強い喚起力をもつ神話的モチーフでした。前述のように、ル・コルビュジエは初期の「無限成長博物館」ですでに螺旋の形態を使っており、それは彼の最も有名なコンセプトのひとつとなりました。インドでは、アーメダバードとチャンディーガルという、ふたつの都市の美術館で実現されています。このコンセプトの発端は、前章で紹介した「世界都市」計画に取り組んだ１９２０年代末までさかのぼることができます。この「世界都市」のなかではじめて、螺旋状の博物館が登場しています。これがル・コルビュジエの「ムンダネウム世界博物館」［口絵４］です。チェコの有名な美術評論家カレル・タイゲは、これを反モダニズムであると激しく批評しましたが、ル・コルビュジエは次のように反論しました。

「私は人類創造の博物館（すなわち世界博物館）を螺旋状にした。しかし、それは『最新の流行』を狙ったわけではない。この独自の手法を通じて、歴史上の出来事には絶対的な連続性があることを表現するためである。そのためには、これが考えうる唯一の方法なのだ。」[23]

確かにムンダネウム世界博物館の螺旋は、奇妙な形を使った造形実験ではありませんでした。それは建築による「出来事の絶対的な連続性」の可視化であり、いい換えれば「時間に対する具体的理解の視覚化」だったのです。

ムンダネウム世界博物館と国立西洋美術館の建築的な類似性については、すでに多くの研究者が指摘しています。造形上の類似はもちろんあります。ですが、本書ではもう一歩踏み込み、ムンダネウム世界博物館は形態だけでなく、プログラムにおいても国立西洋美術館のプロトタイプであると考えたいと思います。このふたつのプロジェクトの関連性をより深く理解するために、ムンダネウム世界博物館の内容をより詳しくみていきましょう。

螺旋はもとより、この博物館の平面図を見て最も驚かされるのは、順路があらかじめ定められていることです。来館者は、気ままに観て回ることも、部屋を横断することもできません。現代的な意味でのオープンなものではなく、明確な始まりと明確な終わりの決まっている、閉じた巡回路を形成したものとなっているのです。ここには来館者に、宇宙の誕生から始まる、人類史の全景を展開するという展示構想がありました。


「ここにはじめての人類！

ここにはじめての人類の頭蓋骨、ここに頭蓋骨を集める。衝撃的な見た目。次は進化して前面が丸みを帯びた頭蓋骨。

こちらには墓や墳墓。

石を建築のかたちにまとめたもの。(中略)文明——ミケーネ時代の壺と椀。エジプトのレリーフ。(中略)

シーザーの首やネロの首。ローマ時代のバジリカのポーチ。大聖堂のポーチ。

ジョット、ミケランジェロ、レンブラント。

グリューネヴァルト、プッサン。

グレコ、スペイン、コロンブス、アメリカ。（中略）

『太陽王（ルイ14世）』、その取り巻きと業績。ヨーロッパの啓蒙思想。ルソーやヴォルテールの肖像画。

マラー、ロベスピエール、ギロチン、シャルロット・コルデー、ナポレオン・ボナパルト。

ゴヤとスペイン宮廷。

アメリカの発展、新しい国の誕生。

オスマン、ナポレオン３世、パリ計画。[24]」


ル・コルビュジエは、いみじくもこの展示配置を「知の連鎖」と呼んでいました。これらは３本の平行な身廊に展示され、各々の身廊には次のような展示が充てられる予定でした。

「３本の身廊を並列に配し、間仕切りを設けない。１本には、伝統として受け継がれている、または考古学で明らかになった人類の偉業を展示する。その隣の身廊には、その歴史を示す資料を、図表や画像、科学を駆使した復元図などによって視覚化して展示する。そして、最後の身廊には、その土地のことを説明し、さまざまな条件、天然資源や人工資源など、その土地の特性がわかるあらゆるものを展示する。[25]」

文書や遺物は時とともに自然に増えていきます。ル・コルビュジエはこの展示の効果を、「音量《ボリューム》〔体積〕を増していく喧騒」という比喩を使って説明します。

「歴史学や考古学の資料が増えるにつれ、人類がさまざまな文化的組織のなかでいかにして自らを維持してきたかについて、一歩一歩理解が深まっていく。ジオラマはどんどん大きく精密になっていく。螺旋は自己拡大し、空間は増す。時間や場所のなかでモノが露出していく様子は、着実に音量を増していく喧騒のようだ。[26]」

この引用からは、国立西洋美術館設計中の1956年にル・コルビュジエが助手のひとりに宛てて書いた、あるメモのことを思い起こさずにはいられません[FIG 15]。このメモのなかでル・コルビュジエは、松方コレクションの展示効果を「クレッシェンド」と表現し、まるで音がどんどん大きくなっていくようだと述べているのです。

「東京の美術館。
大ホール――松方コレクション有数の絵画の傑作を、19世紀の鉄骨建築の写真など、その時代に関連する写真とともに展示。（中略）
クレッシェンドの始まりはここかもしれない。ゴーギャン、フォービズム、セザンヌ、キュビズム。[27]」

1̶5̶4

Note pour MAISONNIER dictée par L-C le 9 janvier 1956

Musée de Tokio :

La grande salle = les plus beaux tableaux de la collection Matsukata mêlés à de grandes photos "constructions en fer" du 19e siècle et à de grandes photos toquardes de l'époque.

Mobilier Napoléon III, par places

Mobilier "Modern Style"

Photos de magazines, affiches, livres, grès cérames, d'influence japonaise. Des estampes de Rivière.

Puis le crescendo déclanché: Gauguin, les Fauves. Cezanne, le cubisme.
le Grand Palais, la Gare d'Orsay, etc

La tableauthèque pour stockage des tableaux Matsukata

F
LC

FIG 15　19世紀ホールに関するアンドレ・メゾニエ宛のメモ（ル・コルビュジエ、1956年1月9日）
ル・コルビュジエ財団蔵 FLC F1-12-154-001

美術の歴史が年代順に展開し、クラシックの交響曲のグランドフィナーレのように大きく膨らんでいく——。このメモからもわかるように、ル・コルビュジエは国立西洋美術館を設計するにあたり、ムンダネウム世界博物館にかなり近い展示計画を考えていたに違いありません。

ムンダネウム世界博物館と国立西洋美術館にはこのようにさまざまな類似点がありますが、重要な相違点ももちろん存在します。ムンダネウム世界博物館の展示が人類の誕生から始まる一方で、国立西洋美術館の展示は対象時期が狭く、ル・コルビュジエは19世紀を近代の原点と解釈し、19世紀の美術から始めています。ル・コルビュジエは助手宛てのメモに、国立西洋美術館の展示は、自身が「19世紀ホール」と呼ぶ、中央の大空間から始めるべきだと記しています。そこで次に、この「19世紀ホール」について詳しくみていきましょう。

ムンダネウム世界博物館の影響 その2——19世紀ホール

ル・コルビュジエによる国立西洋美術館の大枠は、最初の案から大きく変わることはありませんでした。ところが一ヵ所だけ、変更と見直しを繰り返した場所がありました。それが建物の中心に配された、「19世紀ホール」と呼ばれる展示室への玄関口です。このホールの壁面には、工業化時代の歴史をモチーフとする大きな壁画が描かれる予定でしたが、それは全く実現せずに終わりました。

1950年代後半に内装の実施設計を担当した吉阪隆正は、ル・コルビュジエにこの壁画の設計を何度も催促しましたが、ル・コルビュジエ自身が具体的な図面を描くことはありませんでした。あいにく他の急用が立てこんだことで、19世紀ホールの建設は常に先延ばしにされ、正確な図面はついに上がってきませんでした。ル・コルビュジエがこの謎に包まれたホールをどのように考えていたのかは、いまだにはっきりしていません。ただし、少なくとも3バージョンの異なるレイアウトが存在したようだということはわかっています。ここで、各案を見ながら、ル・コルビュジエの思想への理解を深めていきましょう。

バージョン①　中央ホールの第1案は、第1章で引用した寺中作雄の報告書に「中央に大広間をとり、ここに彫刻等を並べる。その周囲が展示場である」と記されたものです。ここから、ル・コルビュジエは当初、中央ホールを造形美術の展示場と想定していたことがわかります。皮肉なことに、実際の19世紀ホールの使い方はこの最初期の案と似ています。

バージョン②　同時に、ル・コルビュジエはもっと複雑な案を模索していたようです。これは、前出の助手に宛てたメモに、「松方コレクション有数の絵画の傑作を、19世紀の鉄骨建築の写真など、その時代に関連する写真とともに展示」と示されたものです。どうやら、松方コレクションの作品と、「壁画」あるいは「写真フレスコ画」のようなものを組み合わせる案をスタディし始めたようです。前出の、駐仏日本大使に宛てた書簡にも次のような説明があります。

「したがって、この中央ホールは、19世紀に実現し席巻した建物、つまり鉄とガラスでできた大建造物、ダム、その他あらゆる造形物の華々しいデモンストレーションを展開する場にしたいと思います。19世紀大ホールの壁面は一面壮大な写真のフレスコ画とします。また、カラーパネルを設置し、松方コレクションから選んだ作品を、その原点に近い雰囲気で展示します。[28]」

ル・コルビュジエ自身による、この段階の初歩的なドローイングが残されています［口絵5］。装飾、模様、イラストなどのなかに、松方コレクションから選ばれた絵画を展示したカラーパネルが点在しているのがはっきりわかります。またどちらの図面にも、ロンシャンの礼拝堂の壁と同じようにたくさんの光のトンネルで構成された、ホール天井の初期案が描かれています。いうまでもなく、三角錐のトップライトをひとつ載せた最終形とは大きく異なっています。

バージョン③　1958年9月ごろにはすでに建物の主要構造ができあがっており、ホールの装飾の問題が急務となりました。そこで、松方コレクションの作品をフレスコ画や壁画などと組み合わせる案は取り下げられ、19世紀の偉大な業績を紹介するフォトモンタージュだけを用いる案が採用されることとなりました。どうやら、ル・コルビュジエは自らパリ装飾美術館に赴き、19世紀のスケッチや版画を大量に収蔵する、通称「マシエ・コレクション」を閲覧し、自分の壁画にふさわしいモチーフを調べたようです。またこの件に関しては、友人のジョルジュ・サールにも相談しています。これに対しサールは、この壁画には「革命の治世であり、自由を求める征服が権勢を振るった時代であり、それゆえ進歩信仰を示す好例である」[29]19世紀を描くべきだと答えました。

ル・コルビュジエはこの時点で、19世紀ホールを常設展に使う案は捨てていたようです。彼はこのホールを、自らの創作実験のために確保し始めていました。この最終段階の詳細はわかっていません。吉阪隆正は、19世紀ホールの詳細をル・コルビュジエに再三求めました。しかし、具体的な回答は得られませんでした。ただしそれは、ル・コルビュジエが怠慢だったためではなく、むしろ、彼がこのホールにこだわり続けたためだったとも考えられます。竣工間際（1ヵ月前）の1959年2月に描かれたドローイング［口絵6］も、そのことを物語っています。ル・コルビュジエは、もう一度東京に出向かなければ、この仕事をきちんと終わらせられないと考えてはいたものの、それもかないませんでした。

今日に至るまで、このホールは空っぽで、真っ白のままです。国立西洋美術館を論じた研究者の多くは、この空間を「美術館のプログラム上の中心」と解釈しています。この解釈は確かに正しいですが、それでも納得のいく説明にはなっていません。今でもこのホールは私たちにとって謎なのです。実際に歩いてみれば、このホールが重要であることはすぐに感じとれます。ですが同時に、その重要性を言葉にすることが難しいこともわかります。果たしてこの19世紀ホールは、単なる19世紀の栄光の象徴にすぎないものなのでしょうか。それとも、この美術館のさらに大きな文脈のなかで、何か別の意味を担っているのでしょうか。

本書では、19世紀ホールはムンダネウム世界博物館に対するもうひとつの追憶である、という見解をとります。ムンダネウム世界博物館と国立西洋美術館の特色は、いずれも中央にある「聖なる空間」、館のメッセージを集約し結晶化させた空間にあります。世界都市ムンダネウムでは、オトレはそれを「サクラリウム」と呼びました［FIG 16］。ル・コルビュジエのムンダネウム世界博物館も、この呼び名を踏襲しています。そこは建物のちょうど中心に位置する神殿のような場所で、来館者は螺旋状の展示ルートを抜けてその畏敬の空間に辿りつきます。ル・コルビュジエにはこの神秘的な空間を描いたドローイングはありませんが、次のような記述を残しています。

「来館者が影のなかに開く扉を入ると、視線の先に夜が広がり、次第に明るくなっていく。夜のなかには細い柱が林立し、ガラスの舗道が、これまで歩いてきた2500mの道のりを光り輝く螺旋状に描いている。地上には、遠方からの光に照らされた円形の囲いがあり、そのなかに何かが収まっているのがわかる。サクラリウムだ。（中略）来館者が、この円筒形の滑らかで静かな囲いのなかに入っていくと（中略）、なかには、彼らが生まれた時代の石を、彼らを崇拝する人びとの手で彫った『偉大な秘儀参入者たち』、いい換えると、人類が時代を旅するなかで、その神秘的な力、

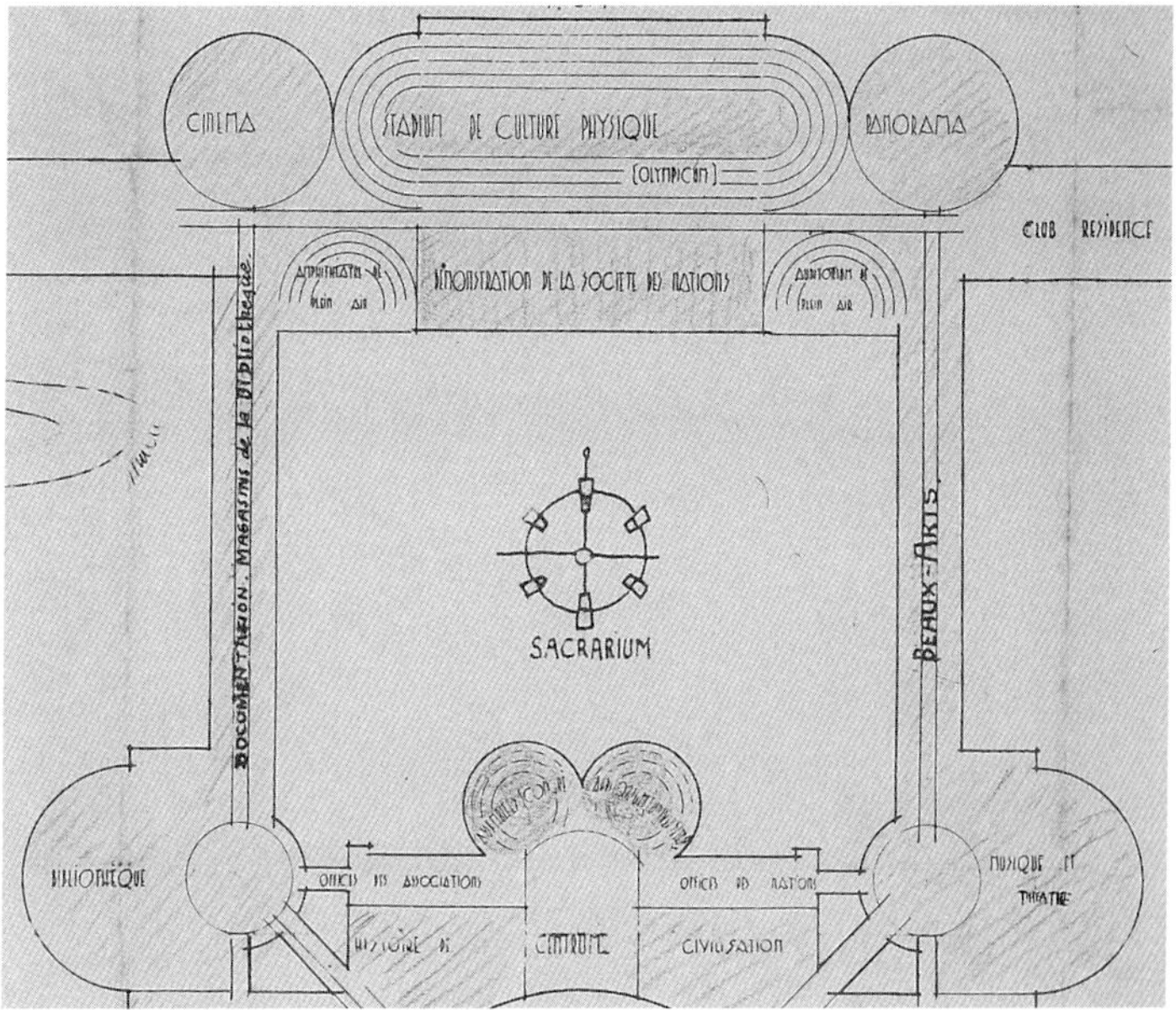

FIG 16　「世界都市ムンダネウム」の建築（FIG 7拡大）
ル・コルビュジエ財団蔵 FLC 24573
画面中央の空間が「サクラリウム（聖なる場所）」にあたる。

高みへの欲求、無私の心、利他主義を体現した人びとの像がある。[30]」

「偉大な秘儀参入者たち」とは、彼が事前に読んでいた有名なオカルト本『偉大な秘儀参入者たち』[*7]（エドゥアール・シュレー、1889年）からきています。ル・コルビュジエがどの人物のことを念頭に置いていたかは不明ですが、ラーマ、クリシュナ、ヘルメス、モーセ、オルフェウス、ピタゴラス、プラトン、イエス・キリストといった、洋の東西を問わない英雄・神々の名をシュレーは挙げています。いずれにせよ、私たちにとってとくに興味深いのは、このサクラリウムに、ル・コルビュジエが、彼らが生まれた場所、生まれた時代の石でつくられた彫像を設置しようとしていたことです。19世紀ホールのバージョン②では、ル・コルビュジエは、松方コレクションのオリジナルの美術作品と壁画を組み合わせたいと考えていました。これもまさしく、ムンダネウム世界博物館と同種のアイデアだったと考えられます。

では、ムンダネウム世界博物館のサクラリウムと、国立西洋美術館の19世紀ホールはどうつながるのでしょうか。サクラリウムが人類史のエポックに捧げられた、一種の「神社」あるいは「聖域」とみなせるのに対し、19世紀ホールは、古典的な意味での崇拝の場ではありませんでした。また、サクラリウムは展示の終わりであり、19世紀ホールは展示の始まりです。ただし、両者の類似点について、ひとつだけ明らかなことがあります。サクラリウムと19世紀ホールのどちらもが、歴史の大パノラマの中心になっているということです。ムンダネウム世界博物館は、歴史のパノラマが展開していった末に、精神的指導者と出会い、終わります。国立西洋美術館では、展示は「調和の時代」へとつながっていきます。どちらの建物もそれぞれの方法で、啓示や救済に向けた展開を表現し、中央ホールがこの展開の中心となっています。

私はこれまで、ムンダネウム世界博物館のサクラリウムの考案者はル・コルビュジエだと信じてきましたが、ベルギーのオトレ資料館での調査を通じて、そうではないことがわかりました。アーカイブのなかに、サクラリウムに関するポール・オトレの個人的見解を記した、１９２７年の文書を見つけたのです。そこには次のように書かれています。

「中庭中央に、さまざまな宗教の神殿・寺院を建てる聖域、サクラリウムの場所を確保する。このプロジェクトは、目に見えない霊的な力を信じることで結ばれた教会や宗派の根本的な宗教的結束を象徴するものとして存在する。（中略）ここでは6つの教会や寺院、すなわちキリスト教（カトリック、正教会、プロテスタント）の聖域3、イスラム教の聖域1、仏教の聖域1、そして最後に自由信仰と神智学のための聖域1を想定している。これらの教会・寺院は、円の周囲に配置され、その内側の聖域は円の中心に向かい、そこから天に向かって矢のような巨大な柱が1本そびえている。[31]」

ここで、オトレの影響をことさら強調したいとは思いません。国立西洋美術館の19世紀ホールの配置は、ル・コルビュジエが独自に考え出したものであることに違いありません。しかし忘れてはいけません。このホールを歩くとき、ル・コルビュジエがこの傑作を生み出す助けとなった、遠くの声や波動を今でも感じることができるのです。ル・コルビュジエが数十年前にムンダネウム世界博物館を手がけていなければ、今日の19世紀ホールは存在しなかったのです。

ところで興味深いのは、ル・コルビュジエが実現した美術館のなかで、これだけ象徴性の高い中心を備えているのが国立西洋美術館だけだということです。国立西洋美術館に最も近いチャンディーガルの美術館にも、中央ホールはあります。アーメダバードの美術館の中心は、オープンコートになっています。しかし啓示への「旅」という、時間に対する神秘的ともいえる高度に理想主義的な思想、それを明確に表現しているのは、ル・コルビュジエが建てた3つの美術館のなかで、国立西洋美術館だけであるように思えるのです。

国立西洋美術館を理解する鍵――《牡牛XVIII》

美術館には、時間に対する何らかの理解が表現可能である――これは面白いアイデアです。これまでみてきたように、国立西洋美術館には、ル・コルビュジエの時間に対する理解を象徴する暗示がちりばめられています。そうした思想はいったい何に由来しているのか、また、ル・コルビュジエが、人類の歴史の裏に「使命」のようなものがあると考えたのはなぜか――。そんな疑問が湧いてきます。

もちろん、今となってはル・コルビュジエの心中を覗き込むことはできませんし、アイデアの由来を知るのも不可能に近いことです。とはいえ、ル・コルビュジエはかなり若いころから歴史に対する理想主義的思想に触れていました。ル・コルビュジエ研究者のポール・ターナーにより、彼が幼少期に受けた教育や、若いころの興味については多くのことがわかっています。ターナーの指摘によれば、ル・コルビュジエはスイスの学生時代に『明日の芸術』〔アンリ・プロヴァンサル、１９０４年〕[*8]に傾倒していました。この著作は今ではほとんど忘れられていますが、20世紀初頭にはある程度の影響力がありました。これは哲学の専門書ではなく、科学、宗教、哲学を高度に理想化して混ぜ合わせるという、当時の一部の前衛サークルの流行にならったものでした。ル・コルビュジエはこの著作のなかで、自らの生涯を貫く多くの思想に出会ったようです。それは例えば、芸術家は社会の上位にあるというエリート主義や、工業化における精神性の喪失、歴史がもたらす新しい時代の普遍的調和などです。ターナーは次のように記しています。

「著作〔『明日の芸術』〕全体を通して、発見、進歩、啓示が差し迫っていることが示唆されている。今は悲惨な文化状況だが、これから状況が変わり、新しい調和が確立される。新しい芸術の巨匠が出現し、正当な役割を果たすと〔プロヴァンサルは〕考えた。」[32]

若きル・コルビュジエはおそらく、こうしたプロヴァンサルの思想に影響を受けたのでしょう。ル・コルビュジエを理想主義者と評したターナーの説は今日でも通用します。ターナー以降、ル・

コルビュジエの思考を掘り下げようとした多くの研究者は、彼が宇宙の法則や、普遍的秩序、啓示の思想に魅了されていたことを強調してきました。しかし、こうした宗教的ともいえる理想主義的な空想が、20世紀前半の前衛たちの間ではごく一般的であったことも忘れてはなりません。

1928〜29年ごろにル・コルビュジエが提案したムンダネウム世界博物館は、明らかにその時代を物語るものでした。ある種の歴史的な「使命」を表現したのは、この建物だけではありません。近代建築の歴史をみると、よく似た例がいくつかあります。例えば、イタリアの建築家ジュゼッペ・テラーニが1938年に提案した「ダンテウム」［FIG 17］です。イタリアの国民的詩人ダンテ・アリギエーリの記念館として計画されました。実現はしませんでしたが、そこでは「地獄」「煉獄」「天国」の3章からなる『神曲』を建築で表現することが目論まれていました。来館者は、1階の「地獄の間」から螺旋状の順路をめぐり、最後にローマ帝国の再生を象徴する「天国の間」へと進んでいきます。同様の例は革命後のロシアにもあります。それは、「人類社会の発展の完了を告げるであろう」（カール・マルクス）共産主義の偉業を視覚化した、ウラジーミル・タトリンによる有名な「第三インターナショナル記念塔」（1919〜20年／実現せず）［FIG 18］です。

このように、「歴史の使命」という考え方は、極右、極左のどちらの政治体制にも存在していました。ル・コルビュジエのムンダネウム世界博物館は、決して特異ではなかったのです。それはむしろ、20世紀前半の近代前衛芸術家たちの間に広まっていた思想を表現していました。

ところが、ひとつ驚くべきことがあります。いま挙げたこうしたモダニズムの理想主義者が

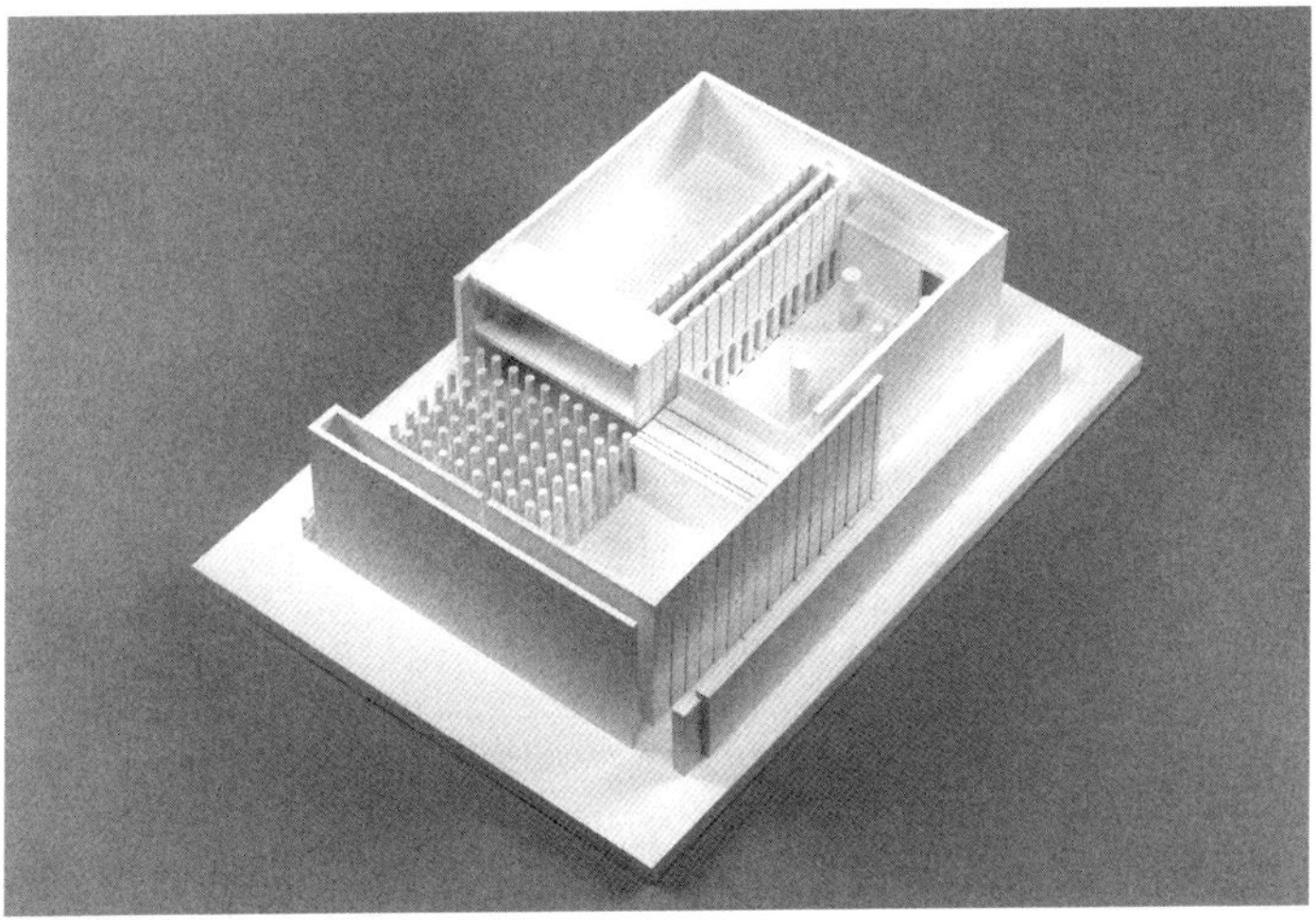

FIG 17　ダンテウム（ジュゼッペ・テラーニ、1938年）
模型製作：千葉工業大学 今村創平研究所
撮影：大谷一郎

FIG 18　第三インターナショナル記念塔 模型
（ウラジーミル・タトリン、1919–20年／実現せず）
Nikolai, Punin: Tatlin (Protiv kubizma). Gosizdat, Petrograd 1921

活躍したのは、いずれも20世紀前半なのです。戦後になって、知的状況は一変しました。では、１９２０年代にル・コルビュジエが建築に込めた思想が、ほぼ30年経ってから同じようなかたちで再び浮上したことを、いったいどう説明すればよいでしょうか。国立西洋美術館をつくるにあたり、昔の仮説をただ引き継いだだけなのではないか？　そんな疑問も湧いてくるかもしれません。

しかし本書は、ル・コルビュジエは単に昔のアイデアを引き継いだだけではないと考えます。むしろ、昔抱いていたアイデアが、１９５０年代、まさに国立西洋美術館に取り組んでいた時期に再燃し、新たな影響とともに成熟を遂げた、と考えられそうです。その理由は、ル・コルビュジエの油彩にみつかります。大成建設株式会社蔵／国立西洋美術館寄託の《牡牛XVIII》（１９５９年）が、ル・コルビュジエ晩年の心境を理解する手助けになります。

《牡牛XVIII》［口絵7］は複雑な油彩作品です。一見しただけでは単にカラフルな幾何学形態の構成に見えますが、よく見てみると、茶色の地の上に小さな立体のピラミッドが描かれた細い下段、別の大きな立体のピラミッドと牛の頭部の描かれた広い中段、そして２つの三角形で構成される完全に抽象的な上段と、水平に３つの部分に分かれていることがわかります。見ただけではそこに描かれている形が何を意味しているかはわかりませんが、３つの部分の間に何らかの垂直的な関連性があることは感じられます。そうして、私たちの視線は自動的に、中段と上段が接触する一点に引き寄せられるようです。

ル・コルビュジエは、この作品の理解に役立つ言葉を残しています。《牡牛XVIII》は、フランスの著名な哲学者であるピエール・テイヤール・ド・シャルダン［FIG 19］の思想との出会い[*9]に触発されて描いたと語っているのです。[33]ル・コルビュジエは、友人への手紙やプライベートな日記のなかで、しばしばテイヤールについて触れています。テイヤールは、成熟したル・コルビュジエの思想に最も重要な影響を与えた人物のひとりです。ル・コルビュジエは、友人に宛てた手紙のなかで、インド旅行ではずっとテイヤールの本を読んで過ごし、彼の思想にデジャヴのようなものを感じたと記しています。

テイヤールの思想には、ル・コルビュジエが若いころに読んだ精神文学の著者たちとの類似

FIG 19　ピエール・テイヤール・ド・シャルダン（1881–1955年）

点が多く見受けられます。彼は、キリスト教の信仰と近代自然科学を結びつけようとしたために、カトリック教会と対立したフランス人司祭です。彼は、進化論と聖書は矛盾するものではなく、むしろ補完し合うものであり、地球上の生物の進化は神の導きによると唱えました。きわめて挑発的な哲学を展開した人物だったのです。テイヤールによれば、人体の進化はより大きなプロセスの第一章にすぎず、物質的な肉体が完成したのちには、進化は次に知性を、続いて精神を発展させ、やがては生きとし生けるものすべてのなかに神が顕現していく、啓示という総括点に至るのです。まさにル・コルビュジエが若いころから魅了されていた「歴史の使命」のことを語っており、《牡牛XVIII》にみられるのもまさしくその思想なのです。どうやらこの絵画のなかで、下段は不活性、中段は地球上の生物の現状、上段は未来の目標である純粋な心・精神の天上界を象徴しているようです。つまり、人類史の裏にある「歴史の使命」を、垂直方向に表したものなのです。《牡牛XVIII》の背景にある、人間の進化が不活性から純粋な心・精神へと向かう展開は、国立西洋美術館の構想に通じるものがあるのではないでしょうか。先に引用した駐仏日本大使宛の書簡のなかで、工業化時代の芸術（印象派）からフォービズム、キュビズムを経て調和の時代へと展開すると説明した、芸術の展開と似ています。《牡牛XVIII》と国立西洋美術館はいずれも、人類は今、移行期の真っ只中にいるのだ、という前提を表現しているのです。

ル・コルビュジエは、テイヤールの著作に出会ったものの、その思想は初見ではありませんでした。ただしどうやら、理想主義哲学に対する彼の関心が呼び覚まされ、強くなったようではあります。ル・コルビュジエが寄せた理想主義哲学への関心と、彼が描いた《牡牛ⅩⅧ》。それらは、国立西洋美術館が、人間の発展をめぐる彼個人のビジョンを表現できる場であったことを証明しているのではないでしょうか。そしてル・コルビュジエにしたがえば、この人間の発展は、究極的には「調和の時代」へと通ずるのです。

17 ル・コルビュジエ、クリスチャン・ゼルヴォス宛書簡、1931年。Le Corbusier, Le Corbusier 1910–1965, Willy Boesiger, Hans Girsberger, eds. ([Basel, Boston, Berlin] 1999), p.236

18 Le Corbusier, Le Corbusier: Œuvre Complète, Willy Boesiger ed., Volume 4 (Zürich 1946)

19 マチュー・ラウヴェリクス（1864－1932年）と彼の「システミック・アプローチ」については以下の文献を参照。Nicolaus Tummers, Der Hagener Impuls. J.L.M. Lauweriks Werk und Einfluss auf Architektur und Formgebung um 1910 (Hagen 1972)

20 ドイツの建築家エルンスト・ノイフェルト（1900－1986年）は『建築家のデータ』（1936年）において試験的に、「平均的」な人体の測定を建築要素の標準化の基準に用いた。

21 ル・コルビュジエ、駐仏日本大使（西村熊雄）宛書簡、1956年7月10日。ル・コルビュジエ財団 F1-12-174-003

22 ル・コルビュジエ、アーメダバードの美術館に関するメモ、1954年12月13日。ル・コルビュジエ財団 P3-4-48-001

23 ル・コルビュジエ「建築のための弁明」、1933年。ル・コルビュジエ財団 A2-19-47

24 ル・コルビュジエ、ムンダネウムについての記述、1928年。ル・コルビュジエ財団 F1-15-2-009

25 同前

26 同前

27 ル・コルビュジエ、アンドレ・メゾニエのためのメモ、1956年1月9日。ル・コルビュジエ財団 F1-12-154-001

28 ル・コルビュジエ、駐仏日本大使（西村熊雄）宛書簡、1956年7月10日。ル・コルビュジエ財団 F1-12-174-004

29 ジョルジュ・サール、ル・コルビュジエ宛書簡、１９５９年3月18日。ル・コルビュジエ財団 F1-13-17-001

30 ル・コルビュジエ、ムンダネウムの記述、１９２８年。ル・コルビュジエ財団 F1-15-2-010

31 ポール・オトレ、ムンダネウム建築の説明、１９２７年。ムンダネウム・モンス Note 5614

32 Paul V. Turner, The Education of Le Corbusier. A Study of the Development of Le Corbusier's Thought (New York & London 1977), p.22

33 Jean-Pierre Jornod, Naïma Jornod, Le Corbusier: catalogue raisonné de l'œuvre peint, Volume2 (Milano 2005), p.934

第3章

調和にむかって

第一次機械時代《マシン・エイジ》をこえて

これまでのふたつの章で最終的な考察に入る道筋ができました。この章では、人類史の神秘的な最終目標である「調和の時代」について考えます。すでに何度か引用しましたが、駐仏日本大使（西村熊雄・当時）に宛てた書簡の一節をもう一度思い出してみましょう。

「国立西洋美術館に松方コレクションが展示されれば（中略）、いずれも機械文明の第二時代である『調和の時代』へとつながる19世紀（印象派の時代）と20世紀初頭の主要作品を紹介するものとなると思われます。[34]」

この文面から疑問が生じるのは否めません。「機械文明の第二時代」とはいったい何なのでしょう。第二次機械時代があるのだとしたら、第一次機械時代とはいったいどんなものなのでしょう。また、なぜ「第二次機械時代」と「調和の時代」が結びついているのでしょうか。

ふたつの機械時代があるという考え方は、ル・コルビュジエの作品が、前期と後期のふたつに分けてみられることが多いことと関連づけられるでしょう。実際、前期の建築（パリの白い有名邸宅群など）と、後期の建築（ロンシャンの礼拝堂、チャンディーガルのキャピトル・コンプレックス、あるいは国立西洋美術館など）を比較すると、まるで別人による作品のようです。ル・コルビュジエについて書いた著者たちは、ほぼ例外なく前期と後期の違いについて考察しています。ところが意外なことに、この変化の理由について私の納得できる説明がなされている例はありません。私の知る限り、最も的を射ている説明は、建築史家ウィリアム・カーティスによるものです。以下、カーティスによる説明を紹介します。

「1929年の経済恐慌の結果、機械ユートピアに対する懐疑的な見方が広まった。技術への執着は、「自然」の概念や農村に伝わる伝統の再検証によってどんどん薄らいでいった。（中略）彼（ル・コルビュジエ）の世界観には、常に「自然」という観念があったが、1930年代になると、絵画、建築、都市計画において、機械と自然、近代と原始、工業と風土、ユニバーサルとローカルとの弁証法的関係を探究した。1930年代は、ル・コルビュジエの発展における「再評価」の時代といわれている。基本的な型や精神構造は発展を続けたが、その意味は新たな変化を遂げたのである。1920年代の白の邸宅群がモダニズムの聖典入りしつつあったまさにそのとき、新しい方向を模索し、奥深くに潜むテーマを再検討していた。あるレベルでは革新、別のレベルでは継続が同時進行していたのである。[35]」

たしかにそのとおりです。若き日のル・コルビュジエは、19世紀末に工業化が到来して以来、人類が突入した「第一次機械時代」の建築的、視覚的表現を模索するラジカル・モダニストの最前線にいました（国立西洋美術館は2019年、大規模展「ル・コルビュジエ 絵画から建築へ――ピュリスムの時代」を開催。ル・コルビュジエの初期作品を紹介するとともに、アメデ・オザンファンとのコラボレーションや、20世紀初頭の芸術における彼の重要な役割に焦点を当てた）。しかし、1950年代のル・コルビュジエの建築や芸術が生まれた背景は、そのときとは全く異なるものでした。第二次世界大戦による破壊と長引く冷戦の脅威は、戦前の機械理想主義は本質的に危険であると証明してしまいました。一方で、新たに交通や情報が発達し、生活のスピードも速くなりました。世界の一部の地域では、依然として大規模集合住宅などの「古典的な近代建築」の需要も高かった一方で、ル・コルビュジエは、地域や地元の問題、心や精神からのニーズに新しい感性で応えなければならないと考えるようになりました[36]。これまで人間を幾何学的動物としかみていなかった彼が、今度は、人びとの生活に詩を吹き込もうとしたのです。

ル・コルビュジエの前期の信念からの離脱の始まりは、1930年代前半から半ばにかけてのふたつの重要な作品を見れば明らかです。油彩《レア》（1931年）と、1937年パリ万国博覧会のための「パリ計画」。いずれも、過去を振り返ると同時に未来を予感させる、重要な節目となった作品です。

油彩《レア》［口絵8］は、ル・コルビュジエの転機となった重要作品です。《レア》は、初期の厳格な構図とこれ以上ないほど異なっています。《レア》以前の絵画は、非常に人工的で、滅菌状態ともいえる無機質な静物画でした。キュビズムに代わって、機械化、大量生産、技術の時代の栄光を表現し、謳歌することを意味する、いわゆる「ピュリスム」が中心でした。しかし、１９３０年代以降、骨や貝殻など自然界にみられる形が、ル・コルビュジエの芸術の大きな源泉、いわゆる「詩的反応のオブジェ」(objets à réaction poétique) となりました。こうした自然の造形の使用は、ル・コルビュジエの初期作品にはみられません。しかし、ル・コルビュジエは、この新しい芸術的語彙を恣意的に使用せず、厳格な幾何学的構成法に従って慎重に自分のイメージを構成し続けました。《レア》でまず目に映るのは、想像上の別世界を思わせる夢のような場面や、貝殻や骨といった自然の造形です。しかしその後ろを見てみると、「黄金分割」に基づき緻密に計算されたグリッド・システムに則った、一見不可解な構図があります。《レア》には、不定形の自然物と幾何学的硬直性、流動的な線と鋭角、柔と剛など、一見ばらばらに見える要素を統一しようというル・コルビュジエの最初期の試みのひとつがみられます。

同じような新たなアプローチは、パリ万国博覧会（１９３７年）でル・コルビュジエが提案した「パリ計画」[FIG 20] にもみられます。「パリ計画」は、１９２５年に発表された初期の挑発的な「ヴォワザン計画」と同じく、パリ中心部の大規模再都市化の提案でした。しかし、「ヴォワザン計画」では、パリの中心部をほぼ完全に取り壊し、高層コンクリート建築に建て替えたのに対し、「パリ計画」では建て替えは一部にとどめ、パリの街並みを彩る既存のランドマークと組み合わせました。全く違ったアプローチがとられたのです。それは、「ヴォワザン計画」にみられる初期のビジョンと比べると、はるかにソフトなアプローチといえます。そこでは、既存の

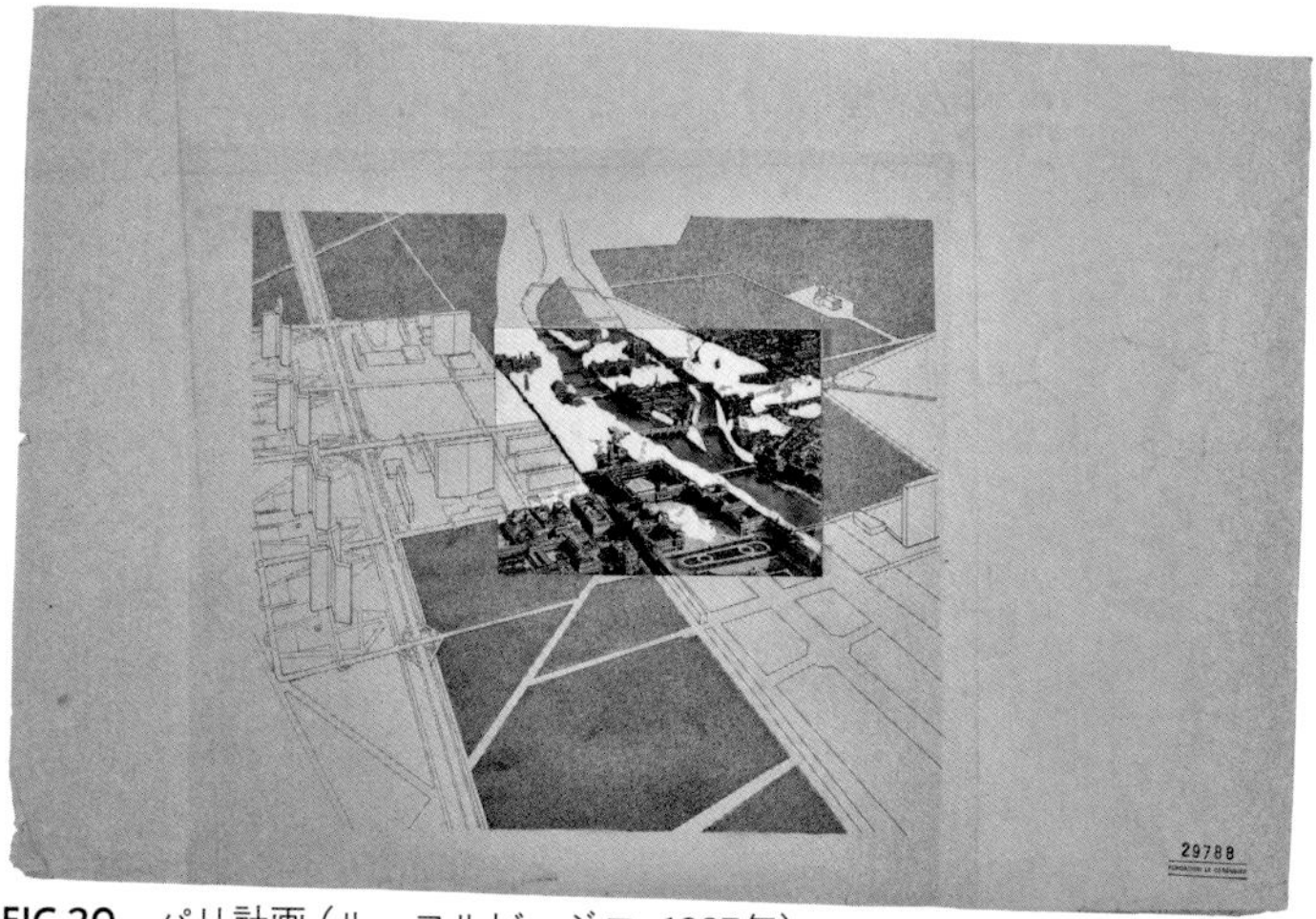

FIG 20　パリ計画（ル・コルビュジエ、1937年）
ル・コルビュジエ財団蔵 FLC 29788
ここでル・コルビュジエは、以前のパリ再開発計画案とは異なるソフトなアプローチを選択した。「ヴォワザン計画」（1925年）がパリ中心部をほぼ取り壊した新築計画であったのに対し、この「パリ計画」では自身の創作と歴史遺産とのバランスが志向され、建て替えは一部にとどめられている。

ものと新しいもの、与えられたものと望まれるものとのバランスを見いだそうとしていました。ル・コルビュジエは、この計画を万国博覧会の「新時代館」で発表するとともに、自らがみつけるべきバランスについて、《パリの精神力》と題する壁画のなかで説明しています［FIG 21］。《パリの精神力》の右側には、西洋文化の根源としてのゴシックの大聖堂、左側にはエッフェル塔や凱旋門といった近代の偉業が描かれています。右側と左側をつなぐ中央部分には、キリスト教で古来より聖性の象徴として用いられてきたアーモンド形のなかに、ノートルダム大聖堂が描かれています。この構成で伝えたいメッセージははっきりしています。つまり、「現代の技術と精神性は、統合され、調和すべきものである」ということです。

ここに紹介したふたつの例から、ル・コルビュジエが冷徹な合理主義の提唱者だと考えることが誤りであることがわかります。１９３０年代以降、ル・コルビュジエは、「第一次機械時代」（おおよそ19世紀末から第二次世界大戦まで）の技術主義を超えて、情緒や心、さらには精神性と融合する「第二次機械時代」を構築しようとしていたのです。このことを念頭に置いた上で、ここから、ル・コルビュジエがこの新しい「調和の時代」をどのように表現しようとしたのかを紐といていきましょう。

FIG 21　「新時代館」内部の壁画（ル・コルビュジエ、1937年）
ル・コルビュジエ財団蔵（写真）FLC L2(13)137

「統合」のビジョン

ル・コルビュジエが考える「第二次機械時代」は理路整然としたものではありません。正確に定義できるものでもなく、哲学用語の要件を満たしているわけでもありません。むしろ、1950年代から60年代初頭の現代生活に対するル・コルビュジエの姿勢や、戦後の新たな環境から生まれた要望を重ねて、その上に羽織ることができる「コート」のようなもの、すなわち、芸術、哲学、精神性、経済、技術などが、真にホリスティック（全体的）に混在する時代のことだといえるでしょう。「第二次機械時代」はある意味において、ひとりの芸術家の多面的で計り知れない心の内の帰着点として、普遍的なものです。その言葉が何を意味するかは、「理解する」のではなく「感じる」ものです。私たちはそこに、それまで分離・隔離されていた要素を「統合」しようとする努力を感じとることができるでしょう。「統合」は、ル・コルビュジエの円熟期の仕事に通底する大きなテーマといえそうです。

ル・コルビュジエが生涯に一度だけ来日したのは1955年11月のことです。その半年前の4月に、フランスのデザイナー、シャルロット・ペリアン[*10]が監修し、日本橋高島屋で開催された展覧会「芸術の綜合への提案――巴里1955年　ル・コルビュジエ、レジェ、ペリアン三人展」に彼が出品していたことはあまり知られていません［FIG 22］。この展覧会では、ル・コルビュジエ、フェルナン・レジェ、シャルロット・ペリアンの3人による芸術作品やオブジェが展示さ

FIG 22 「ル・コルビュジエ、レジェ、ペリアン三人展」図録 表紙（1955年）
「芸術の綜合への提案」と題し、日本橋高島屋で開催された。

れ、異分野の芸術家やデザイナーの作品が上下の別なく共存できることが強調されました。展覧会は企画こそペリアンによるものでしたが、タイトルはル・コルビュジエの「諸芸術の綜合」の思想から借用していました。ペリアンは、展覧会カタログのなかで、次のように説明しています。

「あらゆる芸術の綜合という新しいアプローチを最も表現できるのはル・コルビュジエでしょう。ル・コルビュジエは、停滞する旧弊の打破に挑戦しました。彼の考え方は世界中の若者から支持され、世界の近代建築に影響を与えています。例えば、コロンビアではボゴタ市での都市計画に参画し、インドではパンジャーブ州の都市チャンディーガルの都市計画に携わり、フランスのマルセイユでは、限られたスペースで住まいの問題を解決するための実験的集合住宅「ユニテ・ダビタシオン」を考案しています。さらに、ル・コルビュジエは建築家であることにとどまらず、あらゆる分野の芸術に関心を抱き、絵画を描き、彫刻を作成し、文章を書いています。また、自身の建築内に設ける大小さまざまなタペストリーや、本展に出品された可動壁を制作しています。（中略）芸術の綜合とは、建築、家具、日用雑貨、タペストリー、多色彫刻、壁画などあらゆる要素が互いに補い合い、統一体となることを意味しています。」[37]

ル・コルビュジエのキャリア、とくに円熟期の作品においては常に、すべての芸術をひとつの統一体に綜合するという発想が要となっています。「諸芸術の綜合」は、自分自身の建築家、画家、デザイナーとしての3分野の活動を「造形事象の総体」に融合することを予見していたのです。ル・コルビュジエは次のように語っていたといいます。

「彫刻をつくる人だけがいるわけでも、絵を描く人だけがいるわけでも、家を建てる人だけがいるわけでもない。造形事象は、単体のなかで統合して完成させる詩である。[38]」

同様の考えは、1920年代に上梓した『建築をめざして』（1923年）にすでに次のように表れています。彼を国際的に有名にし、彼が魂のない「テクノクラート的近代の権化」に祭り上げられる元凶となった、悪名高い最初の主著であるにもかかわらずです。

「現代の絵画は壁を、壁掛けを、または装飾棺を去って、別枠の中におさまり本題たるべきものにはぐくまれ、充実され、それを見失うような形象から離れ、思索に精進するものとなった。芸術はもはやお話を語るのではない。思索に精進するのはよいことだ。（中略）今日の芸術の選手たる、画家彫刻家諸兄、多くの侮蔑に耐え、あまりの無関心を嘆いておられる方々、家屋を掃除し町々の再建に、力を貸して下さい。そうしたらあなた方の作品は時代の枠の中におさまり、どこでも受け入れられ、理解されるでしょう。建築はあなた方の関心を必要としていることをよく自分に言い聞かせていただきたい。[39]」

高島屋で開催された小規模な展覧会は、このコンセプトを日常生活の営みに合わせ、個人宅にも使えるような小さなスケールで可視化しようとしました。しかし、もっと大きな規模でも同じように考えられ表現されていました。ル・コルビュジエは少なくとも１９５０年代のはじめには、「諸芸術の綜合」は、音楽、演劇、バレエ、文学、映画など、あらゆる芸術や芸術的表現様式を考慮しなければならないと確信していたのです。[40] そして１９５８年には、こうした融合がどのようなものかを示す例をつくり出しました。ブリュッセル万国博覧会のフィリップス館（オランダ）のための作品《ポエム・エレクトロニク（電子の詩）》です。ル・コルビュジエの設計助手、ヤニス・クセナキスが設計した暗いホールで映画が上映され、エドガー・ヴァレーズが作曲した音楽がバックで流れるという、マルチメディア芸術の先駆けのひとつでした。映画の脚本の執筆や、映像の取捨選択はル・コルビュジエ自身が行いました［FIG 23］。これはまさに、当時の最新技術を駆使しつつ、音響、映像、建築の各要素を融合させたものでした。「諸芸術の綜合」という考えを先鋭的に表現したものです。興味深いことに、《ポエム・エレクトロニク》では、第2章で紹介したル・コルビュジエの時間に対する考え方の多くがはっきりと表現されています。フィリップス社の出版物に掲載された作品の解説には、以下のように記されています。

「ル・コルビュジエのシナリオは、『地球の形成』、『物質と精神』、『深淵から暁へ』、『人間がつくった神々』、『人間が世界をつくる』、『調和』、『後世の遺産』という7つの絵で構成されています。《ポ

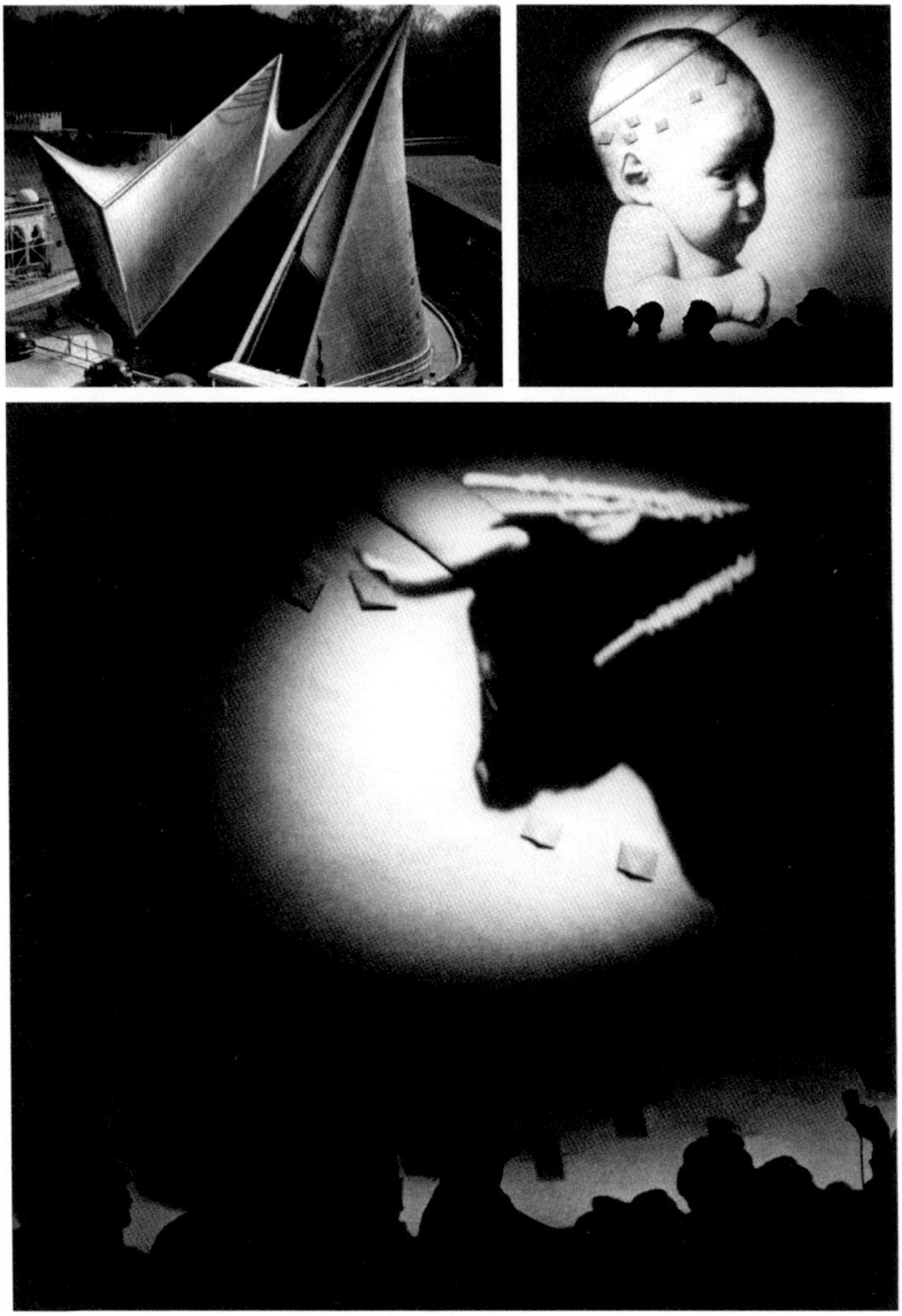

FIG 23　フィリップス館 鳥瞰・内部写真（ル・コルビュジエ、1958年）
ル・コルビュジエ財団蔵（写真）FLC L1(3)66, L1(3)70
《ポエム・エレクトロニク》の最終シーケンス（「新しい人類の誕生」）を収めた貴重な写真。

エム・エレクトロニク》の神格化は、人類の使命に関わるものです。すなわち、手に入れたものを守り、後世に伝えるという作業が、受け取り、与える手のしぐさで象徴されています。神秘的雰囲気の展示館では、頭上に収束する非対称曲面の壁に巨大な絵が描かれています。鳥、魚、爬虫類、仮面、骸骨、偶像、不安げに見上げる少女、歪んだビルや鉄骨構造、爆発や廃墟、手足の不自由な子ども、さらには映画スター、発明家、道具、時代全体を象徴する数々の記号や抽象的構図がみられます。これらは、現代に至るまでの人類の発展のドラマを表現するためのものです。[41]」

《ポエム・エレクトロニク》は、ル・コルビュジエの「諸芸術の綜合」のビジョンを説明するための好例です。さらにそれは、彼が信じていた未来の芸術を垣間みせてもくれます。芸術、建築、仮設博物館、教育と啓示の場が混在し、リヒャルト・ワーグナーの「総合芸術」(Gesamtkunstwerk)という考え方を彷彿とさせます。また、音、舞踊、色彩などを融合させ、人間の五感を満足させる総合的芸術作品のビジョンを描いたアレクサンドル・スクリャービンの《ミステリウム》にも通じます。ワーグナーとスクリャービンのビジョンはいずれも、芸術による啓示という、高度に理想主義的で、法悦的で、ほとんど終末論的ともいえるものでした。そしてとくに晩年のル・コルビュジエは、このふたりと同じような極端なビジョンを表現していたのです。フィリップス館での体験は、のちに、今日の標準からしてもまるでSFの世界のような提案を生み出すことになりました。その提案とは、チャンディーガルのキャピトル・コンプレックスにおいて、すでにでき上がっていた3つの建物（国会議事堂、高等裁判所、庁舎）に加えて、4つめの大きな建物、「電子知識博物館」をつくることです。「電子知識博物館」とは、特別な訓練を受けたスタッフが、テレビ、ラジオ、新聞で知り得るあらゆる情報を収集、要約し、それらを改めて整理し、そして、政府職員が仕事をするために必要な情報を得るのに役立つ、大型マルチメディア・プロジェクションを開発する施設です。

「オーディオビジュアル化は、今日、あらゆる国で同時に起こっている大きな関心事であり、現代の新しい言語である補完的技術言語の重要な支えとなるものである。（中略）エレクトロニクスは、これまだ黎明期の新しい技術科学であり、理解が浅かったり、使いこなせていなかったりするが、これまで予想もしなかった、想像もつかないような膨大な資料の宝庫である。情報を集め、問題を提起し、問題を解決し、解決策を打ち出し、議論させ、諾否を決め、応用することを可能にする。そして、国家元首、政府、議会、行政、職員、大勢の市民などの利害関係者が情報を得られるようになる。複雑で錯綜し、報告書や図面では読みとることができなかったものが、見えると同時に聞こえるようになり、把握できるようになる。新しい文書がつくられ、再び組み立てられ、知るための情報や説明に使われ、受け入れられたり、あるいは拒否されたりすることになる。（中略）また、機密または公に、あるいは一国向け、複数国向け、大陸別などに使用できる。視覚的要素は、プロジェクション（固定または移動式）、図面、平面図またはアニメーション図面、平面または立体で提供される。

被写体の写真、生活要素の写真（固定または移動式プロジェクション）。描画イメージや写真、映画など彩色。巨大なアンサンブル（天文学的なものまで）の眺めや、ミクロの世界の驚異的ディテール。[42]」

「電子知識博物館」はル・コルビュジエの最も過激なプロジェクトのひとつでした。だからでしょうか、その案はインドのクライアントたちを困惑させ実現には至りませんでした。第１章で説明したように、ル・コルビュジエが「過去の美術を代表する美術館というよりは、むしろ将来の美術に貢献するようなものにしたい」と寺中作雄に説明した美術館を上野公園に建設したのも、この「大きな統合」という考えが根底にあったからに他なりません。最終案は、松方コレクションを展示する美術館を中心に、その周囲に「総合芸術館」、舞踊や演劇のための「喫驚箱」が提案されていました。この配置は、先に紹介したニューデリーのガンジー記念館と瓜ふたつです。チャンディーガルのキャピトル・コンプレックス、ラージ・ガット、国立西洋美術館計画はすべて、ホリスティックな統合という、巨大なビジョンの実現をめざしたプロジェクトなのです。

34 ル・コルビュジエ、駐仏日本大使（西村熊雄）宛書簡、１９５６年7月10日。ル・コルビュジエ財団 F1-12-174-003

35 William J. R. Curtis, Le Corbusier. Ideas and Forms (London 2015), p.211

36 Mardges Bacon, Le Corbusier in America. Travels in the Land of the Timid (Cambridge, Mass. 2001), p.256

37 シャルロット・ペリアン、「芸術の綜合への提案」展（日本橋髙島屋、１９５５年）に寄せた序文。『芸術の綜合への提案――巴里１９５５年　ル・コルビュジエ、レジェ、ペリアン三人展』（日本経済新聞社／髙島屋、１９５５年）、頁番号なし。原文仏語、翻訳は監訳者による。

38 スタニスラウス・フォン・モースによれば、ル・コルビュジエはたびたび、こうした詩的な表現を用いて「諸芸術の綜合」を公的に説明していたという。ただし正確な出典は不明。Stanislaus von Moos, "Art, Spectacle, and Permanence. Notes on Le Corbusier and the Synthesis of the Arts," docomomo journal 42 (July 2010), p.97

39 ル・コルビュジエ『建築をめざして』吉阪隆正訳（鹿島出版会、１９６７年）、32～33頁。Le Corbusier, Vers une architecture (Paris 1923)

40 ル・コルビュジエ、ユネスコ国際芸術家会議（ヴェネチア）講演、１９５２年９月28日。Jean-Pierre Jornod, Naïma Jornod, Le Corbusier ou la Synthèse des arts (Genève 2006), p.259

41 ル・コルビュジエ、《ポエム・エレクトロニク》についての覚え書き、１９５８年。Le Corbusier, Le poème électronique / Le Corbusier (Paris 1958), n. pag.

42 ル・コルビュジエ「チャンディーガルのキャピトル・コンプレックスの知識博物館」、１９５９年12月15日。ル・コルビュジエ財団 P1-18-32-001

まとめ

最後に、これまでにお話ししたことを簡単におさらいしましょう。

第1章では、ル・コルビュジエは、複合文化施設、とりわけ博物館（美術館）を、人びとが自らの存在に対する答えを探し、とるべき行動や決断を知るための装置であると考えていたことを明らかにしました。そして、こうした考えがいかにオットー・ノイラートやポール・オトレといった人びとの影響を受け、国立西洋美術館の骨子にも表れているかを説明しました。国立西洋美術館は確かに、単なる美術館以上の存在になるように構想されていました。ル・コルビュジエはこの美術館が、啓蒙のきっかけとなり、社会に直接影響を与える存在となることを期待していたのです。

第2章では、「歴史は必然的に最終的な目標に至る」という理想主義的思想がいかに国立西洋美術館に表れているかを論じました。ル・コルビュジエにとって、人類の歴史は啓示へと導かれてゆくプロセスでした。彼がこうした理想主義的思想とどこで出会ったのか、またジュネーブのムンダネウム世界博物館でそれをはじめていかに表現したのか、そして、それがどのように国立西洋美術館で再浮上したのかを述べました。

最後に第3章では、あらゆる要素の統合が達成される第二次機械時代＝「調和の時代」の思想の内容を示しました。また、ル・コルビュジエの「諸芸術の綜合」という考え方のなかにこの「統合」の思想がどのように存在しているかを明らかにしました。それは、チャンディーガルのキャピトル・コンプレックスやラージ・ガット、さらには国立西洋美術館計画をも含む、ル・コルビュジエの後期主要作品の根底にある思想でした。

本書の冒頭ですでに述べたように、いま本館の前に立つ私たちに見えているのは、氷山の一角のようなもの——頭のなかに広がるはるかに壮大な思想の、可視化できた先端部分にすぎません。国立西洋美術館は「断片」であり「未完」であると、本書がここまで強調するのには理由があります。国立西洋美術館本館の中心には、（壁画はないものの）たしかに19世紀ホールが存在します。ただし、ル・コルビュジエは「歴史の使命」を視覚化するには厳密に編年的な展示でなければならないと考えていましたが、現代の展示技術ではそれは不可能です。最近では、従来の美術史記述を克服しようと、世界中の美術館がさまざまな策を講じるようにもなってきています。これが第一の理由です。また、たしかに前川國男は、国立西洋美術館を補完するため、ル・コルビュジエの原案に従って美術館の向かいに文化会館を建てました。ですが、ル・コルビュジエの念願であった大規模文化センターは未だに実現されていません。これが第二の理由です。そして第三の理由として、「諸芸術の綜合」という概念がまだ漠然としたものにとどまっているということが挙げられます。しかし、この「諸芸術の綜合」という考え方が、70年近くも前のものであることを忘れてはなりません。それをもとにした実践は１９５０年代でこそ前衛的でしたが、２０２３年の私たちの手の内には、複雑な電子化技術があります。それは近い将来、文化の世界地図をどのように描きかえるのか――私たちには見当もつかないことですが、ル・コルビュジエが生きていればきっと、この機に乗じようとしたはずです。

ル・コルビュジエは、芸術家として歩むなかで、プロジェクトの結果に失望することも珍しくありませんでした。構想が遠大すぎる、野心的すぎる、あるいは単に経済的な事情や技術の観点から実現不可能である、などがその理由です。国立西洋美術館もその例外ではありませんでした。もちろんコンセプト段階でベテランのプロの人脈を頼ることもできましたが、それでもやはり手札は限られていました。当然ながら予算には限界がありましたし、「芸術的資源」も限られていました。収蔵品は松方コレクションしかなかったのです。1959年の返還当初の松方コレクションは、19世紀末から初期モダニズムの作品ばかりで、今よりはるかに小規模でした。今日、国立西洋美術館のなかを歩けば、中世、ルネサンス、バロックの作品に至るまで、西洋美術史の主な時代の作品に出会うことができます。ですがこれは、本来の松方コレクションを可能な限り再現しようと、国立西洋美術館が数十年にわたり買いつけを続けてきたからに他なりません。本書でしばしば引用してきた寺中作雄の報告書にも示されているように、ル・コルビュジエは「松方コレクションは玉石混淆」であると考え、良いものだけを公開して見せ、悪いものは収納室を設け、美術品の書棚をしつらえて隠すようにしました。これはもちろん、現代のキュレーションの観点からすれば、素朴で単純すぎる視点であることは否めません。しかしル・コルビュジエの言葉から、彼が館内の美術品の取捨選択にとても気を遣っていたことがわかるのも事実です。こういってはいいすぎでしょうか――ある意味において、ル・コルビュジエは松方コレクションの最初のキュレーターである。さらに、松方コレクションを使いながら、自らが思いみた、近代の発展のストーリーを語ったのだと。そのストーリーは、近代なるものの非情さ・不毛さに対する認識がまだ端緒にあった、第一次機械時代と印象派時代の大傑作から語り始められ、近代化の矛盾と混乱がようやく解決される、第二次機械時代の到来で大団円を迎えます。この第二次機械時代の芸術は、建築と美術とデザインの統合のみにはとどまらず、あらゆる形式の官能を融合する芸術によって表現されます。歴史は博物館（美術館）で説明され、隣接する建物は未来を表します。そうして、①複合文化施設を建設する、②松方コレクションは年代順に展示する、③単に過去の芸術を収蔵するだけではなく、未来の芸術を明示する場所をつくらなければならない、といったル・コルビュジエのプロジェクトの重要な側面は、すべて冒頭の寺中の報告書の時点で予見されていました。これらのコンセプトは一体となって、統合体をつくり出すのです。

このような視点から眺めてみると、国立西洋美術館は「人類はやがて善に至る」という美しい思想を表現していることに気づかされます。この美術館が氷山の一角であることに変わりはないのかもしれません。ですが、その背後には確かに、近代の非情と不毛を克服する、技術と情緒、理性と感性を統合するという思想が横たわっているのです。その栄光と美のビジョンこそが、国立西洋美術館の驚異であり、この美術館を世界遺産たらしめているのです。

主要登場人物

*1 ル・コルビュジエ (Le Corbusier: 1887-1965)

本名シャルル＝エドゥアール・ジャンヌレ＝グリ。スイスに生まれ生涯の大半をパリで過ごした、「近代建築の三大巨匠」のひとりとして知られる近代美術史上の最重要人物。建築家としては造形ボキャブラリーに革命を起こし、都市計画家としては機械時代の需要に対応する新たな都市計画を模索。芸術家としては諸芸術の綜合をめざした。建築、未実現プロジェクト、絵画や著作など多くの作品を残し、今なお人びとを魅了し続けている。

1920年代、近代合理主義を代表するヴィラを数々実現して一躍有名に。戦後には「ロンシャンの礼拝堂」（1955年）などの有機的建築で世間を驚かせ、インドのネルー首相の庇護のもと、チャンディーガルの都市計画（1950〜65年）にも携わった。日本での実現作に「国立西洋美術館」（1955〜59年）がある。本作は、生涯の体験と隠れた意味の凝縮された、ル・コルビュジエ成熟期の小宇宙として特筆される。

著作に『建築をめざして』（1923年）、『今日の装飾芸術』（1925年）など。2016年、国立西洋美術館を含む建築作品が「ル・コルビュジエの建築作品―近代建築運動への顕著な貢献―」としてユネスコ世界文化遺産に登録された。

＊2　松方幸次郎（Matsukata, Kojiro: 1866–1950）

日本の実業家。川崎造船所（現・川崎重工）初代社長。その美術収集品が国立西洋美術館の収蔵品の基礎となる。松方正義（第4代、6代内閣総理大臣）の三男に生まれ、若くより西洋文化に触れる。特に第一次世界大戦後に頻繁にヨーロッパを訪れ、西洋美術品の一大コレクションを築く。幸次郎は当初よりそれらが公立美術館に収蔵されることを望んでおり、英国人建築家フランク・ブラングィンによって、その建設構想（通称「共楽美術館」）のための緻密な図面が残されている。1950年鎌倉にて没。その後も20世紀日本の文化生活に最も影響力のあった人物のひとりとして記憶され続けているが、その生涯については謎も尽きない。

＊3　ジョルジュ・サール（Salles, Georges: 1889–1966）

フランスの歴史学者。アジア美術の専門家として、イラン、アフガニスタン、中国などで考古学の発掘調査を指揮。ルーヴル美術館のアジア美術部門の学芸員を経て、パリにあるフランス随一の東洋美術専門美術館、ギメ東洋美術館館長に就任。1945年から1957年までフランス博物館・美術館総局長を務め、フランスを代表する文化人のひとりとなる。ピカソ、ブラック、ミロ、ル・コルビュジエなど、当時の大芸術家との個人的な親交から数々の名作の依頼主となった。ル・コルビュジエ・アーカイブにはサールからの手紙が多数残されており、ル・コルビュジエとは特に長く友情を育んだことがうかがえる。

＊4　寺中作雄（Teranaka, Sakuo: 1909-1994）

日本の官僚。兵庫県出身。東京帝国大学で法律を学んだ後、内務省に入省、島根県や富山県の地方自治の問題に取り組む。その後、文部省の公民教育課長、社会教育課長、社会教育局長を歴任。現在では、公民館の設立や、戦後の日本の社会教育を支えたことで知られる。駐仏日本大使館参事官を務めるとともに（その間にル・コルビュジエに会う）、国立競技場理事長、国立劇場理事長など、教育関係の役職を歴任。1980年、勲三等旭日中綬章授与。

＊5　オットー・ノイラート（Neurath, Otto: 1882-1945）

オーストリア生まれの哲学者、経済学者。美術館・博物館の戦略の考案者。20世紀で最も多才でありながら見過ごされてきた知識人のひとり。複雑な情報をわかりやすい非言語で伝える新たな視覚記号情報伝達システム「アイソタイプ（ISOTYPE）」の発明者であり、現代の生活・社会に関する基本情報を幅広い労働者階級に伝えるためのふたつの博物館、「戦争経済博物館」（ライプツィヒ、1918年）および「社会経済博物館」（ウィーン、1925年）の創設者。1929年よりポール・オトレと「ムンダネウム・プロジェクト」に取り組む。そしてノイラートは、1931年に「ムンダネウム・ウィーン」を創設する。

＊6 ポール・オトレ (Otlet, Paul: 1868–1944)

ベルギー出身の著述家、起業家、弁護士、発明家、平和活動家。世界的な知のネットワーク構想に貢献し、近代情報科学の祖のひとりともいわれる。大量のデータを総合的に扱う新しいドキュメンテーション手法である「国際十進分類法（UDC）」、および「ムンダネウム」発案者。1910年、ブリュッセルにあらゆる知識を集約した博物館「世界宮殿」を設立、これによりベルギー屈指の政治家・知識人となる。しかしその後、オトレの取り組みがさらに発展を遂げることはほぼなくなり、その影は薄れていった。「ムンダネウム」および「世界都市」の計画に終生取り組むが、これらは世間に気づかれず、第二次世界大戦の勃発により頓挫。現在、オトレのアーカイブはベルギーのモンス市にあり、研究者の利用に供されている。

＊7 エドゥアール・シュレー (Schuré, Edouard: 1841–1929)

フランスの詩人、小説家、劇作家、批評家であり、秘教文学を広めた人物。19世紀人だが、モダン・ムーブメントに大きな影響を与えた人物のひとりに数えられる。もともとはフランスで教育を受けた弁護士であったが、ドイツ文化に興味をもち、かつドイツ語に堪能だったことから母国を飛び出し、当時最も崇拝されていた、作曲家リヒャルト・ワーグナーおよび哲学者フリードリヒ・ニーチェとの出会いを果たす。このふたりはシュレーの初期の著作や、美術・音楽評論家としてのキャリアに強い影響を与えることとなった。しかしシュレーにとって最も重要であったのは、オカルトの神智学運動との出会いであった。この神智学運動との出会いがきっかけとなり、シュレーはその名を世に知らしめることになる『偉大な秘儀参入者たち』（1889年）という本を書くこととなった。『偉大な秘儀参入者たち』を読んで大きな影響を受けた現代美術の重要人物に、抽象画家のピエト・モンドリアン、象徴主義の画家オディロン・ルドン、ナビ派の創始者ポール・セリュジエらがおり、ル・コルビュジエがいた。シュレーは進歩的教育法を提唱したドイツの哲学者、ルドルフ・シュタイナーとも親交があり、近代性の神秘的要素に関する主要な情報源のひとりともみなせる。

＊8 アンリ・プロヴァンサル (Provensal, Henry: 1868-1934)

フランスの画家、彫刻家、建築家、著述家。パリ国立高等美術学校（エコール・デ・ボザール）で学んだ後、建築と彫刻と絵画の関係を探究するようになり、1900年パリ万国博覧会の「陶器のパビリオン」など、実験的な作品を集めた大規模展覧会に数度出展。建築家のアンリ・ソヴァージュとともにアール・ヌーヴォーを主導し、芸術に対する実用主義的なアプローチに真っ向から反対した。芸術に対しては神秘主義的とさえいえるきわめて理想主義的なアプローチをとっていたが、建築家としては「現実的」な見通しを余儀なくされ、ロスチャイルド財団のローコスト住宅（Habitation à bon marché）の建築に携わる。その後、パリ市建築局に就職、終生同局に勤務した。唯一の主要出版物『明日の芸術――調和の統合に向かって』（1904年）は、出版当初はさほど注目されず初版止まりであった。しかし本書は、若き日のル・コルビュジエに強い影響を与えただけでなく、「諸芸術の綜合」や「調和」の重視など、ル・コルビュジエの主要概念の多くをさまざまなかたちで先取りしたものだった。

＊9 ピエール・テイヤール・ド・シャルダン（Teilhard de Chardin, Pierre: 1881–1955）

フランスのイエズス会司祭、古生物学者、著述家、哲学者。フランスの貴族の家に生まれ、18歳でイエズス会の修道士となり、数学、地質学、物理学を学び、1911年、30歳で司祭となる。第一次世界大戦の勃発後にドイツ戦に志願、戦場での勇敢な行動が評価されレジオン・ドヌール勲章を授与される。その後、パリのカトリック学院の教員となる。中国で行われた大規模古生物学・地質学調査に参加し、北京原人の頭蓋骨の発見にも携わる。彼の著作を巡っては、テイヤールの考える「進化論とキリスト教信仰は融合できる」という思想を異端視したカトリック当局と厳しく対立した。生前は著作のほとんどが教会から出版を禁止され、母国での学術的キャリアは断たれていた。後半生（1938～45年の戦時中を含む）の大半を中国で過ごし、イエズス会の上層部との対立を慎重に避けながら古生物学の研究を進めた。その後、米国から研究職への誘いを受けてニューヨークに移住。以後は終生同地で暮らすこととなる。テイヤールの理想主義的哲学は、教会からは無視され、自然科学者からは疑惑の目を向けられたが、芸術家や知識人を中心に絶大な影響力をもつこととなった。ル・コルビュジエはアメリカ亡命中にテイヤールとの面会を試みたが、その願いがかなうことはなかった。

＊10 シャルロット・ペリアン (Perriand, Charlotte: 1903-1999)

フランスの重要な建築家、デザイナー。１９２７年から３７年にかけル・コルビュジエのパリのアトリエで学ぶ。日本では現在、柳宗理と坂倉準三の発案に始まる商工省工芸指導所顧問としての活動が有名。民藝の影響を強く受け、西洋と日本の美意識の融合をいち早く試みた人物。

謝辞

本書は、2018年にボン大学に提出した博士論文をもととし、その後2年間、国際交流基金の奨学金を受け東京で行った研究の成果です。ここにはまた、「使命としての歴史——国立西洋美術館におけるル・コルビュジエの時間観念」(History as a MISSION. The concept of time in Le Corbusier's National Museum of Western Art, *The 16th International Docomomo Conference Tokyo Japan 2020+1 Proceedings: Inheritable Resilience: Sharing Values of Global Modernities*, docomomo International, docomomo Japan. Echelle-1, 2021)の内容も反映されています。および拙稿「松方コレクションと国立西洋美術館の創設」("Housing the Matsukata Collection: On the Genesis of the National Museum of Western Art 1953–1955", *Renoir-Monet-Gauguin: Images of a Floating World*, Hatje Cantz, 2022)

国立西洋美術館の前副館長である村上博哉氏、東京理科大学理工学部(現・創域理工学部)建築学科の山名善之教授のご助力があってこそ、私はこの本を書きあげることができました。この2人の恩人に、まず心よりのお礼を申し上げます。

そして、国立西洋美術館の前館長である馬渕明子氏、現館長の田中正之氏は、常に私の研究を温かく見守って下さいました。同館学芸課長の渡辺晋輔氏をはじめとする学芸員の方々にも感謝いたします。また、同館情報資料室長の川口雅子氏には、こちらの求めに応じて根気強くお付き合いいただきました。

研究助成をして下さった独立行政法人国際交流基金、本書の出版をご快諾下さったEchelle-1の下田泰也氏、翻訳者の江本千恵子氏、そして監訳をお引き受け下さった江本弘氏にも感謝申し上げます。

私がル・コルビュジエ研究を続けていくことになったのは、ボン大学博士課程の指導教員、アン＝マリー・ボネット教授の励ましのおかげです。教授のご助言がなければ、私の人生はまったく異なった道をたどっていたことでしょう。

私が来日したのは2020年3月、まさにパンデミックが世界を激変させたころのことです。その状況のなかでの本書の執筆には、さまざまな困難が伴いました。ここでは全員の名前を挙げることはできませんが、あの対面のかなわない状況下、それでも私を励まし支えてくれた、友人の皆にも感謝の意を表したいと思います。

そして最後に、本書を両親に捧げます。

2023年7月

ロバート・マクシミリアン・ヴォイチュツケ

著者プロフィール

ロバート・マクシミリアン・ヴォイチュツケ
(Woitschützke, Robert Maximilian: 1988–)

美術史家。ライン・フリードリヒ・ヴィルヘルム国立大学ボンにて博士号取得(2018年)。国立西洋美術館研究員、東京理科大学招聘研究員として2020年に来日。「調和にむかって:ル・コルビュジエ芸術の第二次マシン・エイジ——大成建設コレクションより」展監修（国立西洋美術館、2022年)。DOCOMOMOインターナショナル、フォルクヴァンク美術館（エッセン、ドイツ)等への寄稿多数。

未完の美術館　調和にむかって——ル・コルビュジエの思想と国立西洋美術館

初版発行　2023年7月12日

著者　：ロバート・マクシミリアン・ヴォイチュツケ
監訳　：江本 弘
編集　：下田泰也、松元みぎわ、石坂美樹、小林恭子（マップス）
カバーデザイン　：西村祐一／ Rimishuna
本文デザイン　：串田千麻（マップス）
発行人　：下田泰也
発行・発売　：株式会社Echelle-1（エシェル・アン）
〒162-0822　東京都新宿区下宮比町2-14 飯田橋KSビル
TEL：03-3513-5826　FAX：03-3513-5813　http://echelle-1.com
印刷・製本　：株式会社マップス

ISBN：978-4-904700-42-6